中等职业学校大思政教育系列教材

U0728772

综合素质教育教学设计

ZONGHE SUZHI JIAOYU JIAOXUE SHEJI

主编　蔡沐禅

中国原子能出版社

图书在版编目（CIP）数据

综合素质教育教学设计 / 蔡沐禅主编. —北京：
中国原子能出版社，2020.7 （2021.9重印）
ISBN 978-7-5221-0727-1

Ⅰ．①综… Ⅱ．①蔡… Ⅲ．①素质教育 – 教学设计
Ⅳ．① G40-012

中国版本图书馆 CIP 数据核字（2020）第 135007 号

综合素质教育教学设计

出版发行	中国原子能出版社（北京海淀区阜成路 43 号　　　100048）
责任编辑	刘　岩
装帧设计	华信创世
责任校对	冯莲凤
责任印刷	潘玉玲
印　　刷	三河市南阳印刷有限公司
经　　销	全国各地新华书店
开　　本	787 mm × 1092 mm　1/16
印　　张	10.75　　　　　　　　　**字　数** 228 千字
版　　次	2020 年 7 月第 1 版　2021 年 9 月第 2 次印刷
书　　号	ISBN 978-7-5221-0727-1　　**定　价** 58.00 元

网　　址：http://www.aep.com.cn　　E-mail：atomep123@126.com
发行电话：010-68452845　　　　　版权所有　侵权必究

编委会

前 言
PREFACE

　　本课程设计从学生入学开始，按照学期进行模块化设计，每学期 4 个主题，每月 1 个主题，每个主题包括 2 次主题活动，每隔一周 1 次，每次约 60 分钟。

　　本课程以政治认同、家国情怀、道德修养、法治意识、文化素养为重点，以爱党、爱国、爱社会主义、爱人民、爱集体为主线，坚持爱国和爱党爱社会主义相统一，运用积极心理学、发展心理学、认知心理学等原理，遵循学生认知规律和从入学到毕业的心理成长规律，通过学习、体验、感悟、分享等环节，以学生喜闻乐见的方式，积极开展社会主义核心价值观教育、爱国主义教育、集体主义教育、法治教育、劳动教育、心理健康教育、中华优秀传统文化教育，教育引导学生正确处理师生关系、亲子关系、同学关系以及人际交往、职业规划等。

　　本课程有助于老师更深入地了解学生心理状态、情绪波动、不同时期面临的困惑等情况，便于老师正确引导学生，及时调整学生的心理状态，增强学生的自信心，激发学生的潜能，出色完成学业，引导学生立德成人、立志成才，树立正确的世界观、人生观、价值观，坚定对马克思主义的信仰，坚定对社会主义和共产主义的信念，增强中国特色社会主义道路自信、理论自信、制度自信、文化自信，厚植爱国主义情怀，把爱国情、强国志、报国行自觉融入坚持和发展中国特色社会主义事业、建设社会主义现代化强国、实现中华民族伟大复兴的奋斗之中。

　　本课程体例方面力求主题词语明确，每节三个活动版块，"话说……"开篇，两个拓展活动提升。实施的一大亮点在于加入了红色拓展因素，即结合讲述国史党史事件、革命历史故事、先贤先烈言行等，设计精神实质相通的拓展活动，使学生切身体验革命先辈发动群众、高度团结、牺牲奉献、攻坚克难才能取得革命胜利的艰难历程，切实理解"抓好纪律性，革命无不胜""团结就是力量""个人利益服从集体利益"的精神实质，突破自我，提升境界，提高团队意识、责任意识，奉献精神、创新精神。

　　本课程倡导在活动中体验，在参与中感悟，教师可以结合施教学生专业、班级特点，取舍内容、灵活组织形式，引导学生动起来，在做中学，打破传统的说教式授课方式。建议老师的工作方法是引领、启发、促进，不评判、不指责、不否定。

需要教师为每一名学生建立一份成长档案，从入学到毕业，跟踪记录，在整个过程中不断分析，根据情况有针对性地处理每名学生面临的问题，帮助学生解决学习、生活中的困扰。提高学生整体素质，按照"立德树人、以德为先"的宗旨为社会输送真正德技双馨的人才。

本书主要面向广大中等职业学校教师、学生管理工作者，也可作为学生综合素养养成教育的重要素材。

编　者

目 录

CONTENTS

第四学期　守护初心　奋斗担当

第一学期

爱党爱国　坚定信仰

第一节　跟党走　学团建

设计理念

学生刚刚来到一个新的环境，难免有些陌生的感觉，新班级建立的第一个过程就是减少陌生感，彼此相互熟悉。本次课程通过破冰活动，让同学们有更多行为与语言上的接触，进而增加班级的熟悉程度，突破舒适区。

设计目标

通过开篇老师讲述中国共产党成立的历史，引入团队建设。通过拓展游戏，让同学们切身融入集体，体验团队的重要性。

活动一：话说团队

活动目的：通过讲述中国共产党成立的历史，开展理想信念教育，让学生感知信仰的力量、团队的力量，深化中国特色社会主义和中国梦宣传教育，引导学生树立正确的历史观、民族观、国家观。

活动时间：15 分钟。

活动过程：

（1）从中国共产党的诞生导入。

老师：我知道，咱们这一级同学大都是 2004 年前后出生的，能告诉我，你的生日是哪一天吗？你知道你妈妈的生日是哪一天吗？你知道祖国妈妈的生日是哪一天吗？你知道中国共产党的生日是哪一天吗？

（2）没有共产党就没有新中国。

同学们，我们常说，没有共产党就没有新中国，有人问，真的是这样吗？今天，在这里，我非常肯定地告诉大家，真的是这样，没有共产党就没有新中国！

习近平总书记说："历史是最好的教科书，中国革命历史是最好的营养剂。"从今天起，我们将一起重温党的历史，凝聚前行动力。接下来，让我们通过一段视频共同回顾，近百年前那个风起云涌的时代。

请同学们看视频后，回答：中国共产党成立于哪一年？在哪里成立的？

（播放视频：《光辉历程：开天辟地——中国共产党诞生》）

中国共产党成立于 1921 年 7 月，中共一大的会议先是在上海，后又在浙江嘉兴南湖的游船上进行。

中国共产党的成立，具有伟大的历史意义。

首先，中国革命从此有了一个新的领导力量和领导核心。中国革命不再由资产阶级领导，而是无产阶级及其政党来领导了。

其次，有了新的指导思想和新的革命纲领。有了马克思主义这个锐利的思想武器，有了明确的奋斗目标。

再次，有了发动群众的好方法。有了在中国共产党领导下的联合一切革命人民的战略和策略。

最后，有了新的道路和前途。通过建立人民民主专政，走社会主义和共产主义道路，中国革命从此进入了一个崭新的时期。

第一阶段：1921—1949 年，历经 28 年奋斗建国。

中国共产党成立后，领导中国人民经过 28 年艰苦卓绝的斗争，推翻了帝国主义、封建主义和官僚资本主义的统治，建立了新中国，开辟了中国历史的新纪元。

第二阶段：1949 年至今，带领中国从站起来、富起来到强起来。

从 1921 年到 2020 年，中国共产党在这 99 年的时间里，将一个内忧外患、积贫积弱的国家，建成了经济总量世界第二的强国。从风雨飘摇的时代，到屹立于世界民族之林的现在，在党的领导下，中华民族日益崛起。

从 1921 年至今，中国共产党从建党之初 50 多名党员，到新中国成立之初 448 万名党员，再到今大全国基层党组织 461 万个，中国共产党党员总数 9 095.4 万名。

（3）人民有信仰，国家有力量，民族有希望。

同学们，中国共产党的出现，改变了占世界五分之一人口的命运，这个伟大的团队，为了共同的信仰，不怕流血，不惧牺牲，我们才有了今天的幸福生活。

面对绞刑架，李大钊慷慨激昂地发表了最后一次演说："不能因为你们今天绞死了我，就绞死了伟大的共产主义。""我们深信，共产主义在世界、在中国，必然要得到光荣的胜利。"面对高官厚禄的引诱和死亡的威胁，方志敏烈士大义凛然，在牢房里写下："敌人只能砍下我们的头颅，决不能动摇我们的信仰！因为我们信仰的主义，乃是宇宙的真理！"

有一组令人震撼的数字：从 1921 年到 1949 年，在中国共产党领导的革命中牺牲的烈士，有名可查的就达 370 万人。正是这些忠于党、忠于国家、忠于人民的革命先烈，以"愿拼热血卫吾华"的信念与行动，为中国今日之成就打下了坚实基础。

同学们，李贺有诗云"少年心事当擎云"，梁启超先生也说"今日之责任，不在他人，而全在我少年。少年强则国强"。同学们，2021 年，你们风华正茂，正是第一个百年奋斗目标——全面建成小康社会实现之年；2035 年，你们年富力强，更是第二个百年奋斗目标——中华民族伟大复兴中国梦实现之时。

躬逢盛事，何其有幸！希望在接下来的团队建设活动中，大家能全身心投入，不念过去，不畏将来，让过往的苦辣酸甜滋养我们的成长，让曾经的苦痛伤痕锤炼我们的坚强，让今天开始的汗水和付出见证我们明天的辉煌！为了实现你的价值和使命，成为自己想要成为的那种人！

同学们，你准备好了吗？下面进入我们的团队拓展活动环节。

活动二：抓手指

活动目的： 互动破冰游戏，集中注意力，可用在活动开始之前为同学带动气氛，集中同学注意力。

活动场地： 将桌椅挪到教室四周，留出中间空旷场地。

活动时间： 15 分钟。

活动过程：

首先，我们开始今天第一个热身活动，叫作抓手指，有请所有的同学围成一个圆圈，所有人将自己右手的食指，指尖朝上放到右边同学的身前，左手掌心朝下放在左边同学的食指上。

待会我会给大家讲一个故事，故事中会不断地出现"信"字，每当同学听到老师讲到"信"字时，同学的左手去抓相邻的同学的右手的食指，自己的左手食指迅速逃开。也就是听到一个指令后，身体要做出两种反应，同时抓与逃。注意抓手指时不要过于用力。

教师分享：

鸡毛信的故事

抗日战争时期，有个放羊的孩子叫海娃，他是村里儿童团的团长。有一天，给八路军当交通员的爸爸拿出一封信，要海娃立刻给八路军送去。这封信上粘着三根鸡毛，海娃一看，就明白了，这是最最紧急的信呀！

海娃揣好信，赶着羊下山了。还没走到山口，就远远地看见来了一队日本兵。怎么办呢，他一眼看到了老绵羊的大尾巴，灵机一动，把信拴在羊尾巴下边，大尾巴一盖，什么也看不出来了。海娃刚站起来，鬼子就来到了身边。

鬼子看了看这群羊，来了坏主意。他把羊都扣了下来，海娃呢，被逼着给他们赶羊。

鬼子要海娃赶着羊，在前面踩地雷。那里的路海娃太熟悉了，他把敌人引上了一条小山路，自己越走越快。敌人都气喘嘘嘘的，越落越远。海娃随即飞跑起来。叭！叭！鬼子开枪了。海娃一头倒在草丛里。他明白，那里离八路军住的地方不远了，就大声喊起来："鬼子来啦！鬼子来啦！八路军叔叔，快打呀！"

果然，八路军叔叔开火了。海娃一高兴，爬起来就想跑，刚跑几步，就昏倒了。一个八路军叔叔忙跑过来："唉呀，这不是海娃吗？"

海娃睁开眼，吃力地说："叔叔，羊……老绵羊……鸡毛信……尾巴……"话没说完，又昏过去了。

好，故事讲完了，在这个过程中全程被抓住的同学举手，安抚一下自己受伤的心灵，以后要经常参加一些体育锻炼，让自己的身体保持灵活度。

活动三：设计班级 logo、口号

◎ **活动目的**：让同学们懂得个人发展与成功的基础是团队，靠的是每个人的集体主义精神。

✖ **活动道具**：胶带、4K 白纸、马克笔、心形便利贴。

◑ **活动时间**：30 分钟。

▣ **活动过程**：

老师：通过前面的活动，相信我们小组成员之间有了更深的接触和了解，同时也增加了很多的默契，接下来，我们将迎来一个艰巨和严肃的任务，那就是为我们的班级设计一个 logo 和口号，要求积极向上，正能量。在规定时间内设计完毕，每组选出一位代表，来分享 logo 设计的理念和口号。然后进行评选，选出一个代表班级的 logo 和口号。

各小组分享完毕。对 logo 和口号进行投票。每小组的成员选择一个除了自己小组的作品之外的作品，在作品下方贴上便利贴，得票最少的两组淘汰，第二轮全体同学票选余下两组，选出最佳 logo 和口号。

（1）以小组为单位讨论，设计班级的 logo、口号，写在 4K 纸上。

（2）将各组作品粘贴在黑板上，各小组选出一位代表在全班分享。

（3）全班同学票选出班级的 logo、口号。

（4）老师启发式总结。

拓展作业

1. 中国共产党成立于哪一年？在哪成立的？
2. 记住班级 logo 和口号，写到个人成长档案中。

第二节　明契约　守规章

设计理念

没有规矩，不成方圆。如果没有一个明确的团体规范，班级活动就可能陷入无序状态，出现调侃或者混乱。有了明确的团体规范，班级活动可以呈现出一种坦诚、开放、有序的气氛，对保证活动目标的达成起到重要作用。

设计目标

通过开篇老师讲述国庆大阅兵、体育项目的规则等，引入规则在团队建设中的重要性。通过拓展游戏，让同学们在游戏中体验整齐划一的魅力，达成团队统一约定的规则内容。

活动一：话说规则

🕐**活动时间**：15 分钟。

同学们，俗话说：国有国法，家有家规；没有规矩，不成方圆。我们这节课的关键词是"规则"。让我们从国庆小长假开始说起。

（1）提问导入。

国庆小长假，大家都做了些什么？

学生回答。

"十一"是祖国妈妈的生日，大家是怎样庆祝的？

学生回答。

（2）重温国庆大阅兵。

视频播放：90 秒。

同学们有何感受？

学生回答。

🐝**教师总结：**

我们激动、振奋，是因为我们能够体会到团队的力量、规则的魅力。

嘹亮的口令，庄严的军礼，威武的正步，宣示着新时代官兵对党忠诚、听党指挥的坚定信念。整齐划一是军营中最基本的符号，而阅兵场上，整齐的标准近乎苛刻：从东华表到西华表，受阅距离 96 米，走 128 步，66 秒通过，要求分秒不差，毫厘不错，同时声音洪亮、目光坚定、整齐划一。

每步 75 厘米，为了整齐，受阅将士们用线给自己标齐。训练场上走百米不差分毫，强固的是崇尚荣誉、不辱使命的责任担当，培塑的是军令如山、令行禁止的军令意识，对于巩固和提高部队的战斗力，有重要的意义。所以我们说，阅兵方阵用铿锵有力的步伐，走出了我们心中祖国强大的样子！

（3）体育项目最讲规则。

在国庆 70 周年庆典群众游行队伍中，有一支体育队伍压轴亮相，是哪支队伍？女排！

对，这就是在世界杯以 11 连胜夺冠的女排姑娘们，女排十一连胜庆十一是对国庆 70 周年最合适不过的献礼。

中国女排从 1981 年开始，一直传承着"无私奉献、团结协作、艰苦创业、自强不息"的女排精神，有"铁榔头"之称的教练郎平，训练场上，遵守规则，合理利用规则，而对于服用兴奋剂的队员则即使是天才也不惜开除，国家荣誉、体育精神是她所捍卫的最高规则。

同学们，你还知道哪些规则？

学生回答。

（4）班长领诵班级口号。

上次课同学们共同选出了班级口号，请班长领诵一下，如：

团结同心，齐结同力，一九一班，万众一心。

（5）体验规则的魅力。

有一部热播电影《中国机长》，可能很多同学看了。"四川的 8633，成都叫你"是其中的经典台词，英雄机长刘传健在影片的最后说了三句话：敬畏生命、敬畏职责、敬畏规章。敬畏规章，就是要遵守规章。电影里反复表现的细节，体现出遵守规章的重要性。

影片中，起飞之前，机组成员们要进行详细的飞前准备；意外降临时，半身被吸出机身的副驾驶因为系着安全带得以幸存；客舱乘客们在惊恐中按照乘坐飞机的安全须知去做；在混乱的环境下，乘务员们非常专业地严格按照训练步骤执行任务……

让我们一起反思自己：

坐机动车时你是否都按照规定系了安全带？过马路时你有没有闯过红灯？进老师办公室的时候是否先喊报告再进？上实训课时，你是否都按照规程操作？在餐厅买饭时，你是否按照秩序排队？学校集会时你是否都能保持安静，认真倾听？见了老师有没有礼貌招呼？……

何为规则？一般指由群众共同制定、公认或由代表人统一制定并通过的，由群体里的所有成员一起遵守的条例和章程。大到法律法规，小到规章、纪律、制度，都是约束我们行为的准则。个人，只有尊重规矩、纪律，严格遵守法律，才有自由；班级、团队，只有严守规则，才有凝聚力、战斗力，才会顺利达成目标。

加强纪律性，革命无不胜。如果我们人人都能遵守规章，按规则办事，收获的不仅仅是平安，还会有更加出彩的生活。

接下来，让我们一起通过拓展活动，亲身体验遵守规则的魅力。

活动二：杯子舞

○ **活动目的：**用杯子舞的形式，打出红歌的节拍，感受团队的凝聚力和红色文化的感染力。

○ **活动场地：**空旷教室。

○ **活动时间：**30分钟。

○ **活动道具：**杯子、视频、歌曲《没有共产党就没有新中国》。

○ **活动过程：**

（1）教师安排学生座次：女生围成一圈在中间，男生围成一圈在女生的外圈（根据男女比例和场地实际调整）。

（2）每人发一个杯子，颜色随机，杯子倒扣在地上（如果在教室可以放在桌子上）。

（3）播放杯子舞视频，让同学们初步感受下杯子舞的气氛，然后给同学演示杯子舞的基本动作，播放歌曲《没有共产党就没有新中国》。

基本动作 8 拍：

1 拍：双手拍 1 下；

2 拍：双手拍 1 下；

3 拍：双手拍大腿 1 下（也可以拍打桌面）；

4 拍：右手反手拿杯子；

5 拍：左手拍击杯子口；

6 拍：右手顺势撞击地面（桌面）；

7 拍：右手反手，左手握杯；

8 拍：左手将杯子口朝下，放在左边同学的身前。

（4）同学们各自练习 10 分钟左右，然后集体展示，边唱边做。

（5）表演结束后选几位学生代表讲一下活动感受。

（6）老师总结要点：团队中大家遵循统一的规则；一个人很精彩，一个班很震撼；一个人走得很快，一群人走得更远。

活动三：契约树

⊙**活动目的**：增进班级的团队凝聚力与同学的归属感，鼓励同学讨论出有益于班级的共同约定，并承诺遵守订立的契约。鼓励同学适度表达自己的意见想法，并尊重他人的意见。

❁**活动道具**：A4 纸、马克笔、1K 白纸、契约树图例。

❁**活动场地**：空旷教室。

❁**活动时间**：40 分钟。

❁**活动过程**：

（1）根据杯子的颜色进行分组，一般分成五组。

（2）分组进行讨论，并在纸上写出班级的契约内容。

（3）将每组的讨论结果统一张贴，每组找代表分享本组的契约内容。

（4）找几位写字比较好的同学，在 1K 白纸上画好契约树，将每组被采纳的内容写在大树上，形成班级的契约树。

（5）所有同学在大树的树根底部签名。

（6）老师总结、带领全体同学宣读并背诵本班契约（以后每节大思政课程前、集体活动前，可朗诵班级口号、宣读契约内容）。

班有班规，校有校规，国有国法，万物都得遵循一定的规则。在心理学中树是生命力的象征，用契约的内容来代表叶子，枝繁叶茂。名字象征着土壤，滋养大树枝繁叶茂，需要我们每位同学来遵守和执行，才能有班级的蓬勃发展的美好未来。

班主任带领全体同学宣读并背诵本班契约，全体学生遵守执行。

拓展作业

每位同学在课后要搜集包公铡包勉、列宁理发、邱少云、周恩来、刘少奇等古今中外名人志士遵守规则的故事，争取能完整地讲给同学听，学习他们讲规矩守纪律的严谨作风。

根据本班实际情况总结设定契约树内容。

第三节 树自信 明方向

设计理念

认识自己是一个人生涯规划的基础，是自我成长和自我发展的前提，诚实地思考，做自我探索和整合。

设计目标

从身边的人和事情说起，以中国共产党人的自信为主体红色事件，帮助学生认识到树立自信的重要性。引导学生从人格特质、兴趣爱好、能力、价值观等方面对自己进行探索，更好地把握机会，发展自我。

活动一：话说自信

⊙ **活动时间：** 15分钟。

1．**联系运动会等事件导入**

教师从学生身边熟悉的同学和事情说起，如近期校运动会一些同学挑战自我参加比赛的事情等，进行沟通，导入木节主题。

从这些同学的身上我们全班同学都应该得到启示，那就是我们每个人都有无限的潜力，我们应该悦纳自己、相信自己。

作为中职生，好多同学觉得自己很平凡，自己的人生将会是普普通通的一生，实现不了什么大的价值。真的是这样吗？

幻灯片展示照片。同学们看一下这是什么？对，这就是田间地头再普通不过的麦秸草，成堆在路旁等着做饲料或者燃料。你能把这些不起眼的东西跟年总产值10亿元、出口创汇5 350万美元这样庞大的数字联系到一起吗？

接下来让我们一起看一下莱州人的文化自信。

2．**案例分享：莱州人的自信——话说莱州草编工艺品**

渤海湾著名的长寿之乡莱州，有一种非物质文化遗产，蜚声中外，创造了巨大的经济效益。——这就是莱州草编工艺。正是这看起来普普通通的麦秸草，在工匠师傅的手中，来来回回地飞舞着，成就了一段"传奇"。

据记载，莱州草编已有1 500年的历史。先民受发辫的启示，用灵巧的双手将一根根麦秆，经过不同的挑压交叉，编掐出了各种纹理结构的花样草辫儿。以后品种渐增，工艺日趋精美，至明朝，通过直隶、豫州等地，在国内外传播开来。

1915年，莱州草编四大名品在美国旧金山举办的太平洋巴拿马万国博览会上获特别奖。新中国成立之后，莱州草编得以飞速发展，到20世纪50年代末，品种已达上千种。2005年7月，中国工艺美术协会授予莱州市"中国草艺品之都"荣誉称号。2009年，莱州草编被列入国家"第二批非物质文化遗产"名单。

正是因为勤劳智慧的莱州人坚信"因为是民族的，所以是世界的"，因此，莱州人民没有妄自菲薄，而是充满自信，不断发展，才让普普通通的麦秸焕发出蓬勃的生命力。

3．案例分享：中国共产党人的自信

让我们一起回顾中国共产党的发展历程，看中国共产党人如何解释悦纳自我，获得成功的。

中国共产党从1921年成立以来，至今已经走过了99年不平凡的历程。99年来，历经风雨的中国共产党，从当初只有50多名党员，现在已发展成为一个拥有近9 000万名党员的世界上最大的政党，党和国家都取得了举世瞩目的成就。

中国共产党经历了从新生期、奋斗期、探索期到逐渐发展成熟四个时期。

（1）新生期（1921年7月—1937年7月）。

当时的中国共产党还是比较幼稚、弱小的；面对反动派的白色恐怖，党内有的同志对革命前途充满悲观。毛主席在井冈山上写出了《星星之火可以燎原》的文章，分析了革命形势，进一步坚定了全党同志革命胜利的信心。

（2）奋斗期（1937年7月—1949年10月）。

在抗日战争期间，面对日寇的侵略，很多人认为中国会失败。但以毛泽东同志为代表的中国共产党人，提出了"持久战"观点，坚信我们的事业是反法西斯的正义事业，依靠全国人民的团结抗战，一定会取得胜利。

抗日战争结束以后，蒋介石依赖美国的援助，拒绝我党和全国人民关于实现和平民主的正义要求，悍然发动全面内战。以毛泽东同志为代表的中国共产党人用小米加步枪经过3年多的英勇奋战，就消灭了蒋介石的飞机加大炮的800万军队，推翻了国民党政府。靠的还是自信。

（3）探索期（1949年10月—1978年12月）。

这段时期是我国社会主义建设时期，虽然历经了"大跃进"和十年"文化大革命"的挫折，但我们党仍然取得了巨大成就，初步建立了完整的工业体系，为后来的改革开放奠定了坚实的基础。

（4）逐步走向成熟（1978年12月至今）。

1978年，党的十一届三中全会做出了实行改革开放的重大决策。历经40多年改革开放，中国的国民生产总值已经超越了日本，成为仅次于美国的世界第二大经济体。

中国共产党的历史，是一部奋斗史、成长史。中国共产党不论面对怎样的磨难，始终保持着坚定的信念。中国共产党发展的每个阶段都渗透出中国共产党人的自信，是中国人民从"站起来"到"富起来"再到"强起来"的历史。这就是习近平同志提到的"四个自信"：道路自信、理论自信、制度自信、文化自信。中国共产党始终坚信，马克思主义是人类社会真理，始终坚信凭借奋斗牺牲可以实现民族独立和人民解放，始终坚信社会主义、共产主义的伟大目标可以实现。

教师总结：

一个人，一种事物，一个政党，一个国家的发展都会经过新生期、奋斗期、探索期最后到成熟的过程，其间必然会经过认识自我、悦纳自我，到获得自信、取得成功的过程。

悦纳自己的前提是要认识自己，目的是获得自信，取得成功。

同学们，你们能做到悦纳自己，自信生活吗？

同学们在日常生活中是不是还存在不自信的地方，例如上课老师让回答问题，明明自己会却不敢举手回答而表现出的不自信呢？

接下来，我们一起通过拓展活动，亲身体验悦纳自我、获得自信的过程。

活动二：猜词游戏

活动道具： 写有红色词语的卡片。

活动场地： 空旷教室。

活动时间： 30分钟。

活动过程：

（1）分组：全班同学按座位顺序分为四组，活动过程中两组进行，另外两组观看。

（2）老师讲解游戏规则并选一个词语做演示。

（3）大屏幕播放要猜词语题库，播放一遍后关闭屏幕开始猜词。

（4）游戏开始过程中进行计时，按用时多少进行排名，最后完成的一组接受惩罚游戏。

（5）游戏规则：表演者主要以肢体表达的形式向猜词者传达信息，可以有最多两个提示，例如提示一：几个字；提示二：词语类型，比如书名、地名、人名等等。

每组同学轮流抽取词语作为表演者，组里其他同学共同猜词，有同学猜对即过关，换由下一位同学继续进行。每个词语猜词时间不超过2分钟。如果猜不出可以喊"过"，换一个词语重新猜词，每组限2次机会。

表演的同学背对黑板面向同学站立展示，猜词同学在座位上猜词。

（6）分组讨论：自己的表达能力怎么样，自己想说的是否能够表达得清楚。

活动三：15个"自我"

◎ **活动目的**：让学生对自我进行探索和认识。充分了解个体本身，对自我的一些特征和状态及潜能有一个清晰的认知。

✪ **活动道具**：A4纸、笔（本）、背景音乐。

◈ **活动场地**：空旷教室。

◐ **活动时间**：30分钟。

◑ **活动过程**：

（1）参加活动的同学每人带一支笔，为每位同学准备一张A4白纸，活动过程中每位同学在白纸上完成至少15个词语或短句来评价自己，例"我是一个……的人"为格式。书写过程中播放背景音乐。

（2）词语要求尽量真实贴切自身情况，取决于对自己的第一感觉。独立完成，不与他人商量，不受他人影响，也不影响他人。

（3）完成后在小组内进行分享和反馈，分享过程中，其他同学对分享的同学谈一下对他的评价，让同学们听一听别人眼中的自己，分享时，尽量给予支持、鼓励、建设性的表达和建议，防止组员有伤害或攻击的表达。

（4）分组讨论完成后，每组选一个代表起来分享自己写的内容。讨论要点：我是一个怎样的人，最喜欢和最不喜欢自己的哪一点。我觉得自己给别人留下的最大的印象是什么？

（5）老师进行总结点评。围绕悦纳自我、完善自我、健康成长等激励学生热情投入到学习和生活中。

拓展作业

搜集关于"自信"等方面的名人名言，体会其含义，写到个人成长档案里。

第四节　激潜能　圆梦想

设计理念

在悦纳自我的基础上，我们应当对自身的潜能有一个清醒的认识，才能有效地发掘生命的潜力，在最大意义上实现自我价值。

设计目标

通过感受身边榜样、革命志士、红军团队的精神，增强学生自信心，激发潜能，培养学生开动脑筋解决问题的能力和坚持到底不服输的精神。

活动一：话说潜能

⏱ 活动时间：15 分钟。

1．联系上节课作业导入

每个小组展示两条关于"自信"方面的名人名言。让学生发表意见，一个人只有自信，是不是一定就能成功？

自信并不是成功的唯一条件，还要有一定的能力，将自己的能力发挥出来，去完成理想的目标，才能取得成功。

同学们回想一下：在运动会上，你们班级都取得了哪些优异成绩？在思政课中，体验杯子舞前后，你们的操作动作有什么样的变化？

由此可知，只要我们去挖掘，我们就有能力取得我们所想象不到的成绩。比如烟台信息工程学校：阳光体育队经过刻苦训练，在烟台获得少年组比赛第一。

（播放阳光体育社团的训练视频）

这种能力就是潜能：就是尚未表现出来的潜在能力。积极的心理暗示可以激发潜能，强化训练可以让自己的潜能得以固化。每一个人的能力都可以超乎想象。

2．案例分享：吴运铎——"永远跟党走"

看视频：《吴运铎介绍》（2 分钟）。

（1）少年辍学，自学成才。

吴运铎是共和国兵器制造专家、劳动模范，他出生于贫困家庭，小学只读到四年级便因贫困辍学，参加了革命。在革命队伍中，他边实践，边学习，自学了机械制造专业的基础理论，成为兵器修造方面的行家里手。面对层层封锁，他和战友们克服了重重困难，用简陋的设备研制出各种武器装备，在抗日战场上发挥了重要作用。在他们的努力下，八路军终于拥有了自己的兵工厂。正是由于对党、对革命的忠诚和对事业的热爱，才让吴运铎他们发挥了巨大的潜能，完成了看似不可能完成的任务。

（2）三次负伤，身残志坚。

吴运铎为了革命，三次负伤，炸瞎了左眼，炸断了左手的四根手指，炸坏了右腿，身上留下了100多处伤痕。

第一次负伤是在1939年，启动发动机时没有抓牢手柄，手柄落在左脚上砸出了一个小伤口，谁知得了破伤风，差点丢了命。

第二次负伤是在1941年，这是抗日战争最艰苦的一年。兵工厂化整为零，在"茅屋工厂"，他亲自动手，将收集来的旧炮弹引信上的雷管拆卸下来备用，突然，一只雷管在他左手里爆炸了，顿时他被炸成了血人……数十年后，他回忆说："我知道这是一项很危险的工作，我要亲自做这项工作，因为我是一名共产党员，在危险的时候，应该站在大家的前面，不能把危险的工作推给别人。"

第三次负伤是在1947年，解放战争进入战略反攻阶段，这年春天，由于左眼里的弹片无法取出，吴运铎常常头晕失眠，非常痛苦。听到要建兵工企业的消息，作为军工专家的他怎能安心静养？在一次进行炮弹爆炸试验中，他再次被炸成重伤：左手腕骨头被炸断，右腿膝盖下被炸烂一半，右眼蹦进一块弹片，伤口流血不止……

在那个艰难的岁月，即使一个健全人要想完成兵工研发，都是非常困难的事情，一个仅有四年小学文化水平的人，一个三次差点丢命的人，为什么如此执着？靠的是什么？是信仰，是勤奋，为了自己的信仰发挥出自己巨大的能量。

做一个"高尚的人，纯粹的人，把我们的力量，我们的智慧，我们的生命，我们的一切都交给祖国，交给人民。"这就是吴运铎的人生价值的追求。就是因为有这样的追求，他才迸发出如此巨大的潜能。

一个人力量如此，凝聚成一个群体，力量将会是什么样？

3. 案例分享：红军长征——"跟着走！"

共产党发展初期，领导中国工农红军做出了震惊世界的伟大壮举——二万五千里长征。爬雪山过草地，在那么恶劣的环境里能够保存下革命的火种，靠的是什么？

邓小平、叶剑英等老一辈革命家的回答非常简单："跟着走。"跟着共产党，跟着毛主席，就会让革命者激发出生命的潜力，无坚不可摧，无往而不胜。

苏力，参加长征的年龄最小的战士。1935年3月，红四方面军开始长征。当时，未满9岁的苏力几乎什么都不知道，她只知道跟着大姐姐行动。到了冬天，当部队准备过草地时，大姐姐们突然问苏力："走得动吗？""走得动。""走不动可以回家。""不！我回去要被打死的。"她边说边给大家看额头上的累累伤痕。茫茫草地陷阱遍地，最令人伤心的是什么事情呢？就是头一天晚上，大家一起躺下去休息睡觉，早上起来的时候，发现有战友无声无息地离开了人世。

即便这般艰苦的条件，一个9岁的娃娃都能迸发出如此大的潜能，胜利完成万里长征，那我们呢？寻找我们的闪光点，要明白每个人都潜能无限，不能低估自己。

接下来，我们一起通过拓展活动，亲身体验，看一下你们的潜能有多厉害！

活动二：拍手游戏

⊗ **活动道具**：无。

◎ **活动场地**：教室。

◐ **活动时间**：10分钟。

▤ **活动过程**：

（1）询问同学：你们认为在一分钟最多可以拍多少次手，然后进行计时10秒钟，统计拍手次数。

（2）以同样方式进行第二轮测试，通常情况下，第二轮的次数会高于第一轮。可以进行第三轮测试。

（3）选几位同学代表分享一下感受。

本活动会非常直观地让同学看到，自己实际拍手的次数会远远高于自己预估的次数，由此引出"每个人潜能无限，不能低估自己"的观点。

活动三：群龙取水

◉ **活动目的**：让同学们认识到只有融于集体，个人潜能才能发挥最大作用，开拓同学的思路，提高他们的创新意识、协作能力，增强班级的凝聚力。

⊗ **活动道具**：矿泉水25瓶（或杯子舞用的杯子，根据班级人数确定）。

◎ **活动场地**：空旷教室。

◐ **活动时间**：30分钟。

▤ **活动过程**：

（1）分组：同学分4组，两组进行，两组观看。

（2）活动开始前询问同学：是否最近受过外伤及有习惯性脱臼，这类同学不建议参加活动。

（3）划定界限，摆放水瓶，讲解活动规则及注意事项。

（4）分组讨论并练习10分钟。

（5）开始活动，期间老师观察并制止同学的不安全行为。

（6）活动结束小组内进行讨论，每组选一个代表进行分享。

（7）教师进行总结。围绕潜能及团队合作等激励同学，增强同学自信心。

⚠ 注意事项：

（1）在规定的时间内，让小组每位同学不借助任何物体完成取水的任务，并保证人手一瓶。

（2）游戏开始后，小组内任何同学不得触碰到取水界限以内。

（3）凡出现同学触碰界限内地面或界限，那么已取得的水就要放回原处。

（4）水瓶摆放，取水的距离起点与目标点之间是1.7米，女生组可减少至1.5米，水瓶数量与各组人数相同。

（5）活动开始前，同学要另外存放身上的坚硬的东西，比如手表、钥匙等，以免误伤自己及他人。

拓展作业

结合专业特点，制定一个阶段性的目标，在规定时间内去完成，激发自己的潜能去努力实现。把自己所用的方法以及训练过程中克服困难的体会写下来。

第五节　中国梦　我的梦

设计理念

在激发潜能的基础上，我们应当结合自身的情况树立正确的人生目标，有了目标就有了热情，有了积极性，才有了使命感和成就感，从而在最大意义上实现自我价值。

设计目标

引导学生对未来人生目标和人生价值进行理性的探索，让学生了解制定人生目标的重要性，培养学生追求人生价值的意识。

活动一：话说目标

活动时间：20 分钟。

上节课我们挖掘了自身的潜能，大家有没有觉得充满了力量？那我们应该如何更好地发挥自己的最大潜能？我们作为计算机高考班的同学，将来就是要参加高考，步入我们心仪的大学，你身边有成功的案例吗？

1．案例分享：**烟信优秀毕业生**

小孙，烟台信息工程学校 2010 级计算机应用专业高考班学生。抱着一定要考上本科的目标，她踏入了烟台信息工程学校，为参加春季高考开始奋斗。入学以来她制定了自己的短期目标、中期目标和长期目标，并为之奋斗，取得了一次又一次优异成绩，多次被评为三好学生，一直获校奖学金，毕业时被评为省优秀毕业生。在自己的不懈努力和坚持下，2013 年 5 月春季高考时，她以全校信息类专业第一名，全省信息类专业前 50 名的优异成绩考入了齐鲁工业大学计算机应用专业本科。进入大学后又确立了考研究生的目标，在人生目标的不断激励下，2017 年秋，她又以优异成绩通过研究生考试，被中南民族大学录取，开始了她的研究生生活。

过渡语：她是如何一步步成功的？（目标的引领）

目标是一个人前进的方向，有了方向就有了前进的动力。努力奋斗，就会取得成功。

刚刚过去的国庆大阅兵让我们振奋和鼓舞，让我们重温其中的一个片段。（大阅兵中

亮相的"东风41"洲际弹道导弹)(1分钟)

"东风41"洲际弹道导弹，国之重器。大家知道我国的导弹最早是在哪位科学家的领导下研制成功的吗？

钱学森：航天之父、导弹之父、火箭之王。

钱学森又是怎样树立目标、践行目标的呢？

2．案例分享：钱学森

看视频：钱学森（2分钟）。

（1）树立目标，明确方向。

钱学森面对新中国成立后的百废待举，表明心志："我是中国人，我到美国是学习科学技术的。我的祖国需要我。因此，总有一天，我是要回到我的祖国去的。"他的目标就是："学成必归，报效国家"。

（2）践行目标，为国争光。

1950年钱学森准备回国时，被美国限制自由。但"学成必归，报效国家"的决心和深刻的使命感、责任感使他排除万难，终于在1955年10月8日回到了自己魂牵梦绕的祖国。此时他的目标是要研制导弹，"要用自己的学识改变中国人的命运！"

钱学森归国后，推动了中国导弹从无到有、从弱到强的飞跃，把导弹核武器发展至少向前推进了20年。

1960年11月5日，中国第一枚导弹"东风1号"发射成功。

1964年10月16日，中国第一颗原子弹爆炸成功。

1967年6月17日，中国第一颗氢弹爆炸成功。

1970年4月24日，中国第一颗人造地球卫星发射成功。

正是因为钱学森心中充满了对祖国和人民的爱，有着要为国家奉献的不可毁灭的信仰，当新中国召唤他回国效力时，丰富的物质待遇、优越的科研条件、牢狱之灾、长期软禁……都不能动摇他的决心。爱国主义这条主线贯穿了钱学森的传奇人生，体现了他深厚的家国情怀，崇高的信仰追求。

同学们，你知道是谁在1949年10月1日，在北京天安门城楼上宣布中华人民共和国中央人民政府成立的？（毛泽东）

那么你知道毛泽东是什么时候开始成为我党的主要领导者？（遵义会议）

3．案例分享：奋斗目标——遵义会议的伟大意义

同学们可能对遵义会议了解不多，但遵义会议举世闻名，这次会议开始确立毛泽东在中共中央的领导地位，重新明确了中国革命的目标和方向，挽救了党、挽救了红军、挽救了中国革命，是中国共产党历史上一个生死攸关的转折点。

遵义会议是1935年1月15日至17日，中共中央在遵义召开的政治局扩大会议。

观看视频：遵义会议上朱德的发言。

遵义会议结束了王明"左"倾错误在党中央的统治，开始确立毛泽东在中共中央的领导地位，重新明确了中国革命的目标和方向，挽救了党、挽救了红军、挽救了中国革命，是中国共产党历史上一个生死攸关的转折点。

遵义会议是我党从幼年走上成熟的标志。在遵义会议前，右倾或"左"倾机会主义先后几次在党中央占据统治地位，给中国革命造成了严重的损失。而在遵义会议以后，确立了毛泽东思想的主导地位，使党在思想上、组织上能够达到统一。

会后，中国工农红军和中国共产党人以无私无畏，勇往直前的精神，以为广大人民谋利益的高尚情操，四渡赤水，抢渡大渡河，飞夺泸定桥，爬雪山，过草地，战胜无数艰难险阻，取得了红军长征的伟大胜利。

大家看，目标清、方向明是多么重要！它甚至能决定一个政党、一个国家的生死存亡！

亲爱的同学们，你有目标吗？你有梦想吗？你的奋斗方向正确吗？

如果你的目标够明确，你的信仰坚定，那么，晚休时就不能躲在被窝里玩手机，上课时就不会因为困倦而打盹，早上就不会因为天气寒冷而赖床……

亲爱的同学们，你的目标是否务实？你的梦想是否根植于中国梦之中？

习近平总书记说，中国梦是国家的梦、民族的梦，也是包括广大青年在内的每个中国人的梦。"得其大者可以兼其小"，只有把人生理想融入国家和民族的事业中，才能最终成就一番事业。

最后，与大家一起共勉习总书记对青年的寄语，让我们一起朗读：

青年兴则国家兴，青年强则国家强。青年一代有理想、有本领、有担当，国家就有前途，民族就有希望。（可以读 2～3 遍）

大家读得很好，一遍比一遍铿锵有力，心中有梦想，脚下有力量，未来才有方向，希望大家为实现中华民族的伟大复兴，好好读书，天天向上！

接下来，我们进入下一个环节。

活动二：寻找"秘密情报"

✖ **活动道具：**《寻找"秘密情报"》、笔、纸箱。

◎ **活动场地：**空旷教室。

⊙ **活动时间：**20 分钟。

⊟ **活动过程：**

（1）分发《寻找"秘密情报"》卡，给同学们 3 分钟时间完成卡片上的内容，然后以小组为单位讨论确定一个你们认为秘密情报所在的位置，各组派一名代表去该位置寻找"秘密情报"。

（2）讨论分享：讨论卡片中的题目为何有的适合做目标，有的不适合做目标？各组总结出设定目标的原则并派代表分享。

老师引出设定目标的主要原则：

第一，要符合自身实际：要结合自己的实际情况，目标不宜过高或过低。

第二，要具体可量化：设定目标需要清楚具体、可量化、可衡量。例如：我的目标是成绩进步，修正后的目标为：我这一学期的成绩要比上一学期进步五名。

第三，要正向积极：指设定的目标是正向的积极的。例：学习成绩目标应为进步，不能倒退。

第四，有时限：例如，我的目标是4个星期内学会骑自行车。

第五，有挑战性：有挑战性是指设定的目标是超过自己过往的表现和能力水平的，但挑战标准要符合自身实际。例如，现在我能在16秒内跑完100米，我下个学期的目标是15秒内跑完100米。

第六，个人化：是指目标是由自己设定的，而不是其他人（父母、老师、朋友等）。

《寻找"秘密情报"》

谁能指出以下目标的对错及原因，便知道秘密情报的位置。只要圈出第1～10题的目标是否符合设定目标的原则，便能找出相应的秘密，最终找出秘密情报的位置。

序号	事项	是	否
1	俊俊这个学期的目标是考上全班的前十名。	教	校
2	小文计划于晚上八点前完成所有今天的功课。	室	园
3	国强的新年愿望是世界和平。	东	西
4	小雄计划下次英语考试得100分。	北	南
5	文升计划自己于暑假期间，完成三本书籍的阅读。	角	门
6	李华计划早些回校看书。	长	方
7	嘉乐计划下学期考试成绩能达到平均分八十五分。	形	条
8	妈妈期望我在暑期内学会计算机的中文输入法。	木	纸
9	我每天都要骂弟弟一次。	袋	箱
10	我每天都要吃三十碗饭。	上	里

答案：教室西北角方形纸箱里。

活动三：目标与方向——掷沙包

⚒ **活动道具：**沙包 2 个、眼罩 2 个。

🜨 **活动场地：**空旷教室。

🕐 **活动时间：**20 分钟。

📋 **活动过程：**

（1）教师导入：大家平时都玩过"丢沙包"的游戏吧，今天我们来玩一个与众不同的丢沙包游戏。

（2）将同学分为 4 组，每两组同时进行，另外两组作为"监督组"各负责监督一个活动组进行活动。

（3）划定活动起点及在距离起点 4 米处做标记。

（4）每组第一名的同学扔出沙包，沙包距离起点至少 4 米。扔出沙包的同学预估到达沙包的步数并向"监督组"同学报出，然后戴上眼罩，在蒙眼的情况下走完预估步数，然后用右手在身前抓沙包；若拿不到沙包，可用右手在周边搜索；若仍拿不到沙包，则须取下眼罩看清沙包所在位置并拿起沙包。回到起点后将沙包交给下一名同学。

（5）活动采取接力方式进行，每组的后一名同学拿到沙包后，继续进行。拿到沙包最多的组为优胜组。

（6）"监督组"同学负责监督组员所用步数是否与预估步数一致，并派一名组员伴随活动组成员一同前进，保护其安全，预防摔倒。

（7）各组同学分享，老师总结点评。

💬 **分享讨论：**

（1）当你蒙眼走向沙包时，心情如何？在此期间有没有害怕和气馁？你是如何处理的？

（2）如果一次性尝试成功，你是依据什么来预估自己步数的？如果未拿到沙包，是什么具体原因让你失败的？你该如何调整计划再次订立目标？

（3）这个活动和你生活中的活动有什么相似之处？

🎓 **教师总结：**

制定目标是一门学问，我们制定的目标不宜过高或过低，要结合自己的实际情况设立一些自己努力能够实现的目标。在学习如何设置目标的过程中，要更加清晰客观地认识自己，锻炼自己，完善自我。

⚠ **注意事项：**

（1）这是一个需要细致、耐心的活动，在进行过程中有的同学会出现气馁及放弃的想法，需要及时鼓励其继续坚持。

（2）老师解说内容着重放在如何设定目标上。

（3）蒙眼走的过程中可能会出现摔倒的情况，需要人员保护组员的安全。

（4）分组讨论自己的目标，选择同学发言，讲讲自己的目标及实现目标需要付出哪些努力，需要克服怎样的困难。

（5）老师总结点评。目标与方向主导了人一生的命运与成就，它是驱使人不断向前迈进的原动力。通过这个活动，相信大家已经找到了自己最渴望实现的目标，接下来，坚持下去，你的目标就会变成现实。

拓展作业

1. 利用 2 个晚自习，观看电影《钱学森》，写心得体会。
2. 根据制定目标的原则，结合专业制定出自己的近期目标和长期目标。

第六节　爱祖国　有信仰

设计理念

　　爱祖国是从国家层面对个人信仰的衡量标准，有理想是从个人层面对爱祖国的最好诠释，舍与得拿捏适度，才能把中国梦我的梦融为一体。舍与得体现的是选择问题，选择就是给自己定位，选择就是给自己寻找前进的方向，选择就是为自己的生命注入激情，人生处处面临选择。

设计目标

　　通过体验参与，让学生明确舍与得的关系，学会选择，将个人梦想融入国家梦想之中，演绎出自己的华彩乐章。

活动一：话说舍与得

　　⊙活动时间：20分钟。

　　1．案例分享：烟信优秀毕业生（PPT展示照片）

　　以烹饪专业考上本科的学生小冯、技能大赛学生小李等，导入本节主题。

　　《孟子》云：鱼与熊掌不可兼得。当鱼和熊掌不可兼得，舍鱼而取熊掌，便是一种选择；这种选择是优中选优。当"生"与"义"不可兼得，舍生而取义，是更高层次的选择，是对一个人正确"三观"的考验，正如儒家所主张的"杀身成仁，舍生取义"。意思是宁愿牺牲自己的生命，以成就自己的仁德；宁愿抛弃自己的生命也要保全正义。人这一生会面临许多选择的机会，下面先和同学们分享下你们的学哥学姐的故事。

　　人这一生会面临许多选择的机会。小冯，烹饪专业2013级同学，柞村镇高山村人，2016年考入济南大学，本科食品加工技术专业。（济南大学图片、小冯图片）

　　小李，烹饪专业2014级同学，土山镇李家村人，2017年免试上威海职业学院，并且三年大学学费全免，在2019年11月13日结束的上合组织国家职业技能邀请赛上，获得烹饪项目一等奖。（小李图片）

　　从优秀毕业生的身上可以得到启示，那就是放弃了其他的发展机会而选择了职校，从而取得了优异成绩，成就了自己的职业梦想。只要我们同学努力学习，一定能如他们一样实现自己的梦想。正如咱们这学期语文课文《敬业与乐业》告诉我们的，既然我们选择了一份职业，苦也好累也罢，都要选择敬业态度，舍弃了享乐，得到的是苦尽甘来的收获。

身边的优秀师哥师姐正确选择给了我们启迪。我们再放眼望去，有太多的英雄人物在大义面前为我们做出了舍与得的表率。下面大家再来纪念一下一个伟大的名字——王杰。

2．案例分享：革命烈士——王杰（照片介绍）

在 2019 年的 10 月 8 号，学校邀请王杰生前战友及原王杰班班长到校，举行弘扬王杰精神报告会，大家都去礼堂听了事迹报告会。好几位老师掉下了泪水，既为年轻生命的牺牲惋惜，更为英雄的舍己救人而感动。谁的青春不美好？谁的青春不珍贵？可是正值青春年华的王杰，在生死抉择的时刻，毅然选择了把生留给战友，把死留给了自己。这是一种舍生就义的伟大价值观的体现。

党和国家领导人毛泽东、周恩来、朱德等亲笔为王杰题词。毛泽东主席的题词是："我赞成这样的口号，叫作'一不怕苦，二不怕死'。"周恩来的题词是："座座高山耸入云，我们施工为人民。不怕施工苦和累，愿把青春献人民。"

2017 年 12 月 13 日，中共中央总书记习近平视察期间专门看望了王杰同志生前所在连官兵。他强调，王杰精神过去是、现在是、将来永远是我们的宝贵精神财富。

王杰这样的英雄人物还有很多，同学们说说看。（进行列举：江姐、董存瑞、黄继光等）（PPT 图片显示）

正是有了革命先烈们的舍得和牺牲，才有了我们今天的幸福生活。让我们向伟大的英烈们致敬，请大家"起立"，跟我大声说：怀念先烈、致敬英雄，学习精神！

个体的正确选择很重要，刚才我们学习到的是身边的优秀学长的选择，以及英雄们的壮举选择。在我们革命奋斗史上，在革命危难之际，也曾面临着重要选择。

3．案例分享：农村包围城市——秋收起义

1927 年 9 月 9 日，秋收起义爆发，由于错误地低估敌人力量，导致起义在军事上失利，毛泽东领导的工农红军部队退到湖南省浏阳县文家市休整。

在文家市，起义部队召开了前敌委员会议，关于部队进退问题进行激烈讨论。高层出现不同的意见，前敌委书记毛泽东同志主张转战到敌人统治力量比较薄弱的农村地区去发展革命。毛泽东同志集合起义部队，并发表重要演讲。毛泽东同志入情入理地总结秋收起义在军事上的失利教训，公布前敌委员会的会议部署，讲解当前国内革命形式，分析敌我双方的态势，鼓励部队继续革命的信心。

"目前敌大我小，敌强我弱，长沙这样的中心城市还不是我们待的地方。我们必须改变方针，到敌人统治力量薄弱的农村去，发动群众进行土地革命，建立农村革命根据地，发展和壮大革命武装，然后夺取城市，取得全国革命的胜利。"

"我们现在只有 1 500 多人，靠我们这些人去攻打长沙，那就好比叫花子给龙王爷比宝呢。我们应该改变行军路线，到罗霄山脉去发展我们的革命，保存我们的力量。"

这就是农村包围城市的最早历史，酝酿于非常之时，发布于危难之际。

农村包围城市，革命才一步一步取得了胜利，最终建立了新中国，这也是实践证明了的我们党做出的最正确的选择。

舍与得是相辅相成的，面临多种可能需要选择时，心中有方向，脚下才会有力量。孔融让梨的故事我们都知道，这就是他的选取方式；爱迪生创造电灯，失败了无数次，但是他始终没有放弃，这就是他的选取意义。我们的每一个选择与舍得，都在创造属于我们自己的人生；虽然我们无法预测最后的结果，但每一个当下的选择都在决定我们的未来。接下来让我们在活动中体验坚定信仰、果断取舍的重要性吧。

活动二：后勤保障

⊛ **活动道具**：无。

◉ **活动场地**：空旷教室。

◉ **活动时间**：15 分钟。

▣ **活动过程**：

（1）情景导入：同学们，假设我们的红军在前线作战，我们要为他们做好后勤保障，供应伙食，今天的主菜是醋熘土豆丝。现在，我们每个女生代表 10 个土豆，男生代表 5 个土豆，当我说出需要的土豆数量的时候，同学们要迅速组合，组成我所需要的土豆数量，落单的同学要进行体力劳动。例如：需要 15 个土豆，可以 3 个男生组合也可以一个男生和一个女生组合。

（2）活动开始，同学们围成一个圈，顺时针走动起来，老师喊口号：今天要做土豆丝，我们需要切土豆。同学们喊：多少个？老师说：25 个。此时同学们迅速形成组合，落单的同学出列进行报菜名，每人说出三道菜名。

（3）重新围成圈继续进行第二轮，每轮数字比前一轮要大（例如：第二轮 35、第三轮 55……），最后一轮的数字要是全体同学的总和，根据学生人数提前算好，最后全体同学抱团，大团结。

（4）老师提出讨论问题，邀请几位同学发言。

（5）老师总结发言。

🗣 **分享讨论**：

（1）落单的同学说说自己落单的原因和感受。

（2）有什么方法可以避免落单？

教师总结:

刚才的活动中大家是不是面临着很多的选择?有的会选离自己最近的,有的会临时组合,有的是主动的,有的是被动的,有的甚至提前订好了同盟。选择的结果可能是组合成功也可能是落单。我们的人生也面临着很多的选择,不同的选择结果也会不同,希望大家能积极主动做出自己正确的选择。

活动三:价值拍卖

活动道具: 每人一张卡片,一面是号码牌,另一面是"拍卖清单";笔。

活动场地: 空旷教室。

活动时间: 25 分钟。

导入:今天我们要进行一场特殊的拍卖会,看看你们拍到什么,拍卖的规则和现实拍卖有所不同。

活动规则:

(1)参与拍卖的每一个项目的底价是 1 000 元,竞得者可实现所拍项目内容。

(2)每个同学有 10 000 元,出价以 1 000 元为单位,价高者可获得。

(3)每位同学在竞拍价格栏填写自己的竞拍价格,竞拍开始后不得更改。有效利用手里的 10 000 元,可以任意分配自己的资金,总价格不得高于 10 000 元。

(4)竞拍开始后,自己所填价格与老师询问价格相符时举起自己的号码牌。

活动过程:

(1)将印有拍卖清单的卡片发到每一位同学手中,老师讲解竞拍规则。

(2)给同学们 5 分钟时间填写竞拍价格表,填写前先通读一遍价格清单,然后让学生做出自己的选择。

(3)竞拍开始,老师从项目一开始读出项目内容并询问是否有人出价 10 000 元,若没人举牌,继续询问是否有人出价 9 000 元,直至有人举牌。若询问几次无人举牌可直接询问大家出价多少,价高者竞得。

(4)将竞得者名字写在备注栏里(可在 PPT 上直接填写),若最高价有几位同学出价相同,都作为竞得者。

(5)竞拍结束后,和同学一起查看竞拍结果,询问是否有的同学什么都没有拍到。

(6)老师提出讨论问题,邀请几位同学发言。

(7)老师总结发言。

😊 分享讨论：

（1）介绍自己竞拍下来的是什么？有多少同学什么都没拍到？

（2）哪一项是自己最想买的？有没有拍到？并谈谈选择的时候是怎么想的。

（3）没有拍到的同学当时怎么想的？没有拍到的原因是什么？

（4）在生活中最看重的是什么？

（5）影响自己做出选择的原因是什么？

（6）这些东西是否真的用钱都能买得到？如果不能，应该怎么做才能获得？

📖 教师总结：

在这次拍卖会中，同学们从自己的取舍中思考、了解了自己的价值观，你们了解到了什么对自己来说是最重要的。与此同时，同学们要选择对自己来说最重要的东西，树立正确的价值观。一旦锁定目标就要紧紧抓住机会尽全力去争取，否则就会像刚才拍卖会中那样，让自己认为最重要的东西从身边溜走。

拓展作业

搜集关于王杰、邱少云、刘胡兰等相关事迹介绍，学习英雄精神；结合个人情况将影响自己做出选择的原因分析写到个人成长档案里。

第七节 常反思 善修正

设计理念

在建立目标坚定前行的基础上，我们应当对自身及与周围人的关系有一个清醒认识，才能有效地融入集体、融入社会，最大程度上实现自我价值。

设计目标

从"吾日三省吾身"角度引导学生要形成自省习惯，善于发现和修正自己在与周围人相处时的关系情况，帮助学生梳理影响个人定位的因素，从而采取积极措施助力成功。

活动一：话说反思与修正

◎活动时间：20 分钟。

1. 经典分享："吾日三省吾身""见贤思齐"（6 分钟）

从《论语》的经典自省语句导入,结合学生实际提出 2～3 个问题,引导学生反思自己。

《论语·学而》中曾子曰："吾日三省吾身：为人谋而不忠乎？与朋友交而不信乎？传不习乎？"曾子说了"我每天都要多次自我检视，为别人谋划办事，是否做到忠诚了呢？和朋友交往，是否恪守信用了呢？老师传授的知识，是否温习实践了呢？"

《论语·里仁》中说："见贤思齐焉，见不贤而内自省也。"意思是说看到有德行有才能的人就向他学习，希望能向他看齐。看见没有德行的人，自己就要反省是否有和他一样的错误。

老师要和大家交流的问题是：

同学知道自己有哪些不足吗？知道你的同学、朋友、父母长辈有哪些优点吗？你能说出我们这个班集体有什么优势吗？

学生分享意见。

🐣 教师分享：

我们每个人身上都有很多优点，但是一定也会有缺点，假如你能做到"吾日三省吾身"，经常性地反思自己的问题与不足，并能积极快乐地修正完善自己，你会发现自己在不断成长。我们每个人都不是独立的，同学们有自己的家庭，有班集体，有我们的祖国。当把自己定位到一个环境中的时候，难免会有小冲突、小矛盾、小纠结，尤其是当你的想法与环境与他人不协调的时候，假如你能做到"见贤思齐，见不贤而内自省"，那么，你的成长会更快，你的朋友会更多，你的快乐与收获也会更多。

经常反思，善于从自身找原因，便于正确地认识自己，客观地评价自己，快乐地融入大环境。经常修正自己，便于寻找本心，端正心态迎接更好的自己，对自己的学业和生活都会有极大的帮助。

2．案例分享：**善于自省的周恩来总理**（8分钟）

周恩来总理是新中国建立后的第一任总理，也是一位极具个人魅力的国家领导人，中国共产党历史上的许多重大事件都和周总理有关。（出示"中国共产党发展史大事件"图片，教师点拨与周恩来总理相关的事件，如1921年最早的党员之一、领导南昌起义、遵义会议、重庆谈判、新中国成立、"文化大革命"中的坚守等。）

下面请同学们看一段视频《魅力恩来》，让我们一起感受周总理的人格魅力，请同学们记住然后要分享让你感动的瞬间。

学生分享。

教师分享：

伟大的人格是超越时空的。周恩来同志出身名门，从小立志为中华之崛起而读书，求索救国救民的真理。1935年以前，他领导过上海三次暴动和南昌起义这些伟大的革命行动，斗争非常坚决，非常英勇，但后来都失败了。第一次王明路线的失败，苏区损失90%，白区工作损失更大，这个严酷的事实，使他破除了对王明所标榜的"国际路线"的迷信，树立起了对于马列主义、毛泽东思想的信仰。遵义会议上，他坚决拥护毛泽东同志，将自己的定位由党的军事负责人，准确地转变为毛主席的助手，自此他成为党的成熟的领导者。一直到新中国成立后，他鞠躬尽瘁辅佐毛泽东同志，在第一代领导人的带领下，中国人民才能够站起来，新中国才能逐渐富强起来。周总理是人民的好总理，他每天四分之三的时间都用在了工作上。他近乎完美的一生是善于反省、勇于修正的一生。习近平总书记曾说"周恩来同志是不忘初心、坚守信仰的杰出楷模"。

3．案例分享：**守初心，担使命**（6分钟）

对照"中国共产党发展史大事件"图片，教师概括分享中国共产党的发展史，引出党为了初心和使命，自我净化、自我完善、自我革新、自我提高能力的自我革命精神，提高政治认同。

（出示"中国共产党发展史大事件"图片）中国共产党1921年成立，风雨历程90余载，自1949年建立新中国执政70余年。从最初党员53名，到2018年底全国党员突破9 000万，是世界第一大党。近百年的奋斗历程中，中国共产党的吸引力、凝聚力、战斗力不断增强，始终保持旺盛的生机活力。在每一次历史的紧要关头，如1935年的遵义会议、1936年开始的万里长征、新中国成立后 1966 年开始的十年"文化大革命"，中国共产党总能够一次次力挽狂澜，就在于党敢于坚持真理、善于修正错误，始终保持自我革命的勇气，勇于探索真理和正确的道路。中国共产党的发展史是不断进行自我革命的历史，也是一部不断审视自我、完善自我的成长史、斗争史。

初心，即本心、最初的想法和愿望；使命，指出使的人所领受应完成的任务、应尽的责任。党的十九大报告中明确指出，中国共产党人的初心和使命，就是为中国人民谋幸福，为中华民族谋复兴。方向决定道路、道路决定命运。我们每名共产党员，乃至共青团员、青年学生，都是守望住初心、承担起使命的一分子。可有那么一些人，因为走得太远，而忘记了当初为什么出发。迷失了政治方向，丢掉了理想信念，脱离了人民群众，放松了纪律规矩。还何谈初心和使命呢？以习近平同志为核心的党中央以全面从严治党开局起步，时刻警示叩问自己"我是谁？依靠谁？为了谁？"，坚持群众路线，坚决惩治腐败，老虎苍蝇一起打，自我净化、自我完善、自我革新、自我提高，迈出了完善国家治理体系和治理能力现代化的坚实步伐，"为世界人民谋大同"的大国风范让世界人民刮目相看。

教师总结：

一个人、一个集体、一个政党、一个国家的发展，都有直面自我、完善自我、成长成熟的过程，常反思、善修正是最好的成长法宝。同学们只有学会内省，清楚自己的定位，处理好与周围人和事的关系，把周围的人变为自己的朋友，把自己融入环境，才能助力自我成功。

一代人有一代人的梦想和使命，毛主席在《沁园春·长沙》中慨叹："恰同学少年，风华正茂；书生意气，挥斥方遒。"同学们正值风华正茂，希望大家能"吾日三省吾身"，胸怀家国，不负青春韶华，全面提高专业素质，做最好的自己，为实现中国梦而读书。

活动二：红色故事角色扮演

活动道具：每人一张心形便利贴、每组一份任务书、与红色故事有关的道具。

活动场地：空旷教室。

活动时间：20 分钟。

活动过程：

教师导入：我们每个人都生活在自己的小家庭中，同时也生活在班级、学校、社会这个大家庭中，在这个家庭中我们每个人都充当着不同的角色，同时也承担着不同的责任，只有我们团结友爱，共同努力，才能在我们的家庭中收获成长的喜悦。接下来要进行的一个活动叫作《角色扮演》。首先我要将咱们这个团体分为六个小组，这六个小组代表的是六个小家庭，期待各位同学在自己的小组这个小家庭中的精彩表现。

学生排队报数分成六组。

教师讲解游戏规则：

（1）教师提前准备六张任务书（红色故事卡片），卡片上印有红色故事的人物经典造型图片以及故事内容简介，卡片上的内容对学生保密。

（2）每组选派学生代表随机抽取卡片，抽到的内容各组之间要保密。

（3）各组学生根据卡片内容进行合作扮演，用肢体语言模仿出卡片上图片内容，最多可选用2件道具辅助表演。（要求：每位同学都必须有任务）

（4）学生领取任务开始准备表演，准备时间5分钟，教师巡视观察学生准备情况。

（5）准备完毕后，各组同学按照抽签顺序上台展示，其他组猜出表演内容，然后，大屏幕根据每组表演出示图片，进行对比。

（6）每位同学发放一张心形便利贴，到黑板上投票，评出最佳表演小组。

🔘 分享讨论：

（1）在刚才的表演中××组同学为什么表演得这么精彩？

（2）现在我们来采访一位同学，你为什么选择这个角色？你一开始就是选择这个角色吗？还是中间有过调整？（学生发言）

（3）大家认为她演得像不像？（随时鼓励）

🔻 教师总结：

尺有所短，寸有所长。在刚才的活动中，咱们每位同学的表现力都非常棒。××同学，你可能扮演的只是一块石头，或者一棵大树，但是这种角色的塑造上和这种敢于奉献的精神不是每个人都能做到的，××同学你扮演的是王二小或者邱少云……，说明你自身对这种英雄人物心怀敬仰、充满向往，所以会演得这么逼真。因此，在刚才的活动中，每一个角色都是不可缺少的一部分。我们每个人都有自己的特点，只要我们正确审视自己、定位自己，找到最适合自己的角色，就能最大程度地发挥自己的优势，精彩地完成角色扮演任务。

活动二：寻找地下党员

❌ 活动道具：《信息卡》、笔。

🔵 活动场地：空旷教室。

🕐 活动时间：20分钟。

🔵 活动过程：

（1）教师导入：大家都知道，在白色恐怖时期，我们党的力量还不足够强大，许多革命行动都是秘密进行的，那时党员必须隐蔽，否则有生命危险，所以"地下党员"之间的联系都是非常困难的。接下来，我们来做一个游戏——"寻找地下党员"，当然我们的寻找是可以交谈交流的，与过去的情况无法相比，只是为了让大家体会一下找到一个准确的人是什么感受。请大家按照要求，发挥你们的观察、推理和交流能力，找到符合特征的"地下党员"。

（2）给每位同学发放《信息卡》，根据卡上的信息给同学们10分钟的时间找到卡片上所描述的特征的人，在简单交流后邀请其本人签名，看看谁的卡片上获得的不同人的签名最多，强调：是不同的名字。

（3）老师邀请有代表性的同学分享交流（可以是获得签名最多的同学，也可以是签名最少的）。如：刚才你是如何完成活动的？内心有什么感受？在生活中你有类似的经历吗？今天的表现对你未来有什么样的帮助？

（4）在刚才的签名卡片上有两个项目是签字人数最多的，"会背诵社会主义核心价值观"或者"会唱《我和我的祖国》"，说明我们在座的每一位都是非常热爱我们的祖国，为实现伟大的中国梦而努力奋斗是我们义不容辞的责任，接下来，我邀请班里的同学，全体起立，让我们高歌一曲《我和我的祖国》。

教师分享：

刚才这个活动让我们明白了，人是需要朋友的，因为我们都处于一个集体中，都离不开千丝万缕的联系。交朋友既是一件简单、快乐的事情，更需要我们准确定位、判断，勇敢实践，并善于在交流中不断修正目标和技巧，不断培养良好的人际关系。

课堂小结：

今天我们就"常反思、善修正"这个话题一起做了体验，希望大家能将"吾日三省吾身"的古训落实到日常行动中，学习周恩来总理等善于自省的品质，坚守初心，为中华民族的伟大复兴而读书。请大家认真做好职业生涯规划，并付诸行动，时刻以"慎独"二字约束自己，让我们在不断修正中成长，做更好的自己，为实现伟大的中国梦贡献自己的力量！

拓展作业

1. 观看《遵义会议》《长征》等影视剧，搜集关于毛泽东、周恩来等伟人的介绍，感受他们的人格魅力。

2. 搜集背诵"吾日三省吾身"等经典自省语句，感悟体会写入个人成长档案。

附件：

信息卡

序号	特征	签名	序号	特征	签名
1	能背诵社会主义核心价值观		11	穿黑色袜子	
2	家庭成员中有共产党员		12	喜欢周杰伦的歌	
3	担任过班干部		13	读过同一所中学	
4	喜欢古典音乐		14	会书法	

续表

序号	特征	签名	序号	特征	签名
5	有过拾金不昧的经历		15	喜欢画画	
6	会唱《我和我的祖国》		16	看过电影《小兵张嘎》	
7	会做饭		17	会一种乐器	
8	参加过学校运动会		18	看过电影《战狼》	
9	有兄弟姐妹		19	会打乒乓球	
10	考试取得过全班第一名		20	身高 170 cm 以上	

第八节 融小我 成大我

设计理念

团结协作是取得成功的基础，是立于不败之地的重要保证。团结协作需要每位成员紧紧围绕在组织周围。只有在团结协作的团队中，个人才能更好地成长。

设计目标

通过活动，让学生了解小我与大我之间的关系，认识到团队协作的重要性，增强团队凝聚力和向心力。

活动一：话说小我与大我

活动时间：20分钟。

1．经典分享："穷则独善其身，达则兼济天下"（4分钟）

教师导入："穷则独善其身，达则兼济天下"出自《孟子·尽心上》。原句为"穷则独善其身，达则兼善天下"，意思是一个人不得志的时候就要管好自己，有能力的时候就要努力让天下人都能得到好处。今天我们的主题"融小我、成大我"也蕴含着同样的道理。

前期学校拔河比赛中，在15名男同学的团结协作、齐心协力之下，专业部取得了第一名的好成绩（PPT插入视频）；在"体验飞"活动中，小孙同学虽然晕车晕机，但是依旧坚持下来，咱们班也一个学生都没掉队，顺利完成了集体活动；在安庆机场，有的同学发现天空大雁排成"V"形南飞的场景（PPT展示照片）。

老师要和大家交流的问题是：

（1）拔河比赛为啥成功？

（2）野雁单飞与群飞的区别在哪里？

（3）你能说出我们这个班集体有什么优势吗？学生分享意见。

教师分享：

无论从咱们班还是从大雁身上我们都应该得到启示，那就是个人融入集体才能迸发无穷的力量，一个人走得更快，一群人才会走得更远。

2．案例分享："铁榔头"郎平（7分钟）

出示女排照片，教师分享：

1981年，在日本举行的第3届世界杯比赛中，中国女排3：2艰难战胜东道主日本队。整个中国沸腾了，人们聚拢在天安门广场，彻夜高呼"中国万岁，女排万岁！"次日，国内几乎所有报纸头版头条都在渲染女排夺冠。此时的中国正值改革开放之初，那是一个在精神上需要救助、营养的年代，也是迫切寻求新的精神支柱的年代。毫无疑问，作为主力队员的郎平成了方向坐标，成了精神食粮。而郎平带病上场，带领着中国女排一鼓作气，接连获得1982年世界锦标赛、1984年洛杉矶奥运会、1985年世界杯、1986年世界锦标赛的冠军，这就是至今仍为国人所津津乐道的"五连冠"伟业。

"铁榔头"郎平两次在中国女排最困难的时期，主动接下了中国女排主帅这个"星球上压力最大的职业"，背负十几亿人民目光的郎平深知女排输赢对于国人意味着什么，郎平当时的想法是，"中国女排培养了我，当有需要的时候，我只有无条件地去做。"这一系列的想法触动了郎平内心深处的女排情结，于是她冒着"一世英名可能毁于一旦"的风险再次走马上任，仅仅一年半时间，郎平就带领中国队于2014年时隔16年重返世锦赛决赛舞台，最终夺得亚军，并于2015年重夺世界杯冠军，2016年夺得了里约奥运会冠军。

"打球已经完全不是我们自己个人的事情、个人的行为，而是国家大事，我自己都不属于自己。女排是一面旗帜。女排的气势，振兴了一个时代，她是年代的象征。"郎平曾说。

老师要和大家交流的问题是：

女排依靠什么不断取得成功？学生分享意见。

教师总结：

融小我，成大我，把自己与祖国深深地连在一起，一回回倒地，一次次跃起，一记记扣杀，点染几代青春，唤醒大国梦想。因排球而生，为荣誉而战。一把铁榔头，一个大传奇！

个人永远是集体的一个个"细胞"，细胞的生存离不开机体，只有机体健康了细胞才能永久保全健康，只有机体强大了细胞才能逐步强大。小我不融入大我时，小我是孤立的个体，困难来袭时很容易被击倒，小我的目标在遭受挫折时也很容易"难产"；小我融入大我后，大我既是小我的坚强后盾，更是小我施展个人才华的广阔舞台。中国梦我的梦，所以同学们要主动把个人的目标、理想和行动统一到整个中华民族的目标、梦想当中。

3．案例分享：**淮海战役**（9分钟）

教师导入：今天的中国国泰民安人民富足，这一切归功于中国共产党的坚强领导。在新中国建立之前，解放战争也到了最艰苦的时期。接下来咱们看一段影片（播放《淮海战役》视频片段）。

教师分享：

大家刚才看到的是什么战役？对，是淮海战役，淮海战役国民党称"徐蚌会战"，是解放战争时期中国人民解放军华东野战军、中原野战军在以徐州为中心，东起海州（连云港），西至商丘，北起临城（今枣庄市薛城），南达淮河的广大地区，对国民党军进行的战略性进攻战役。淮海战役于1948年11月6日开始，1949年1月10日结束，国民党军共55.5万人被消灭及改编，解放军总共伤亡13.4万人。淮海战役是三大战役中的第二个战役，也是解放军牺牲最重、歼敌数量最多、政治影响最大、战争样式最复杂的战役。

那大家想一想，淮海战役为什么能取得成功？

成功主要有以下两点原因。

第一，淮海战役蕴含着各部队之间融小我、成大我的团队意识。淮海战役是一场规模空前的大会战，两个野战军首次联合作战，参战部队多，隶属不同指挥机构，要使部队密切协同，关键是要树立团结一致意识，做到步调一致，一切行动听指挥。在战役第一阶段，中野攻击的主要目标是宿县，切断津浦线，目的是配合华野作战。邓小平指出，为了取得淮海战役的胜利，"只要歼灭了敌人南线主力，中野就是打光了，全国各路解放军还可以取得全国胜利，这个代价是值得的"。在战役第二阶段，由于中原野战军从大别山走出时丢掉了重型武器，围歼黄维兵团出现困难，于是中央军委就指示华野派兵协助。粟裕、陈士榘、张震迅即复电："完全同意刘邓陈指示，抽出4～5个纵队，必要时还可增加3个纵队，协助中野歼击黄维、李延年。"充分体现出听党指挥、顾全大局的政治担当以及各部队之间融小我、成大我的团队意识。

第二，淮海战役蕴含着人民群众和我们党之间的协作精神。毛主席曾经指出，"战争的伟力之最深厚的根源，存在于民众之中"。淮海战役中不断涌现人民群众的支前场面，组成了一幅幅波澜壮阔的雄伟画卷。军队打到哪里，人民群众就支援到哪里，据统计，为支援淮海战役，动员起来的民工累计达543万人，向前线运送1460多万吨弹药、9.6亿斤粮食等军需物资，淮海战役的胜利，充分体现了党领导下的人民群众和我们党齐心协力、团结合作，人民和部队的团结协作才是革命战争胜利的源泉。

🎖 **教师分享：**

同学们，融小我成大我就是要提倡团结协作精神和互补精神，唯有依靠团结协作的力量，才能把个人的愿望和集体的总体目标结合起来。在学习生活中，要始终围绕班级共同的目标，同心协力，取长补短，群策群力，心往一处想，劲往一处使，互相支持，互相帮助，促使每个人都能发挥特长、发挥优势。在集体中明确自己的地位、责任和义务，有一分光发一分热，尽自己所能与别的同学合作好，学会与人和谐共处，养成合作的好习惯。

活动二：飞夺泸定桥

✖ 活动道具：1K白纸。

◉ 活动场地：空旷教室。

◕ 活动时间：20分钟。

活动过程：

教师导入：1935 年 5 月，北上抗日的红军向天险大渡河挺进。大渡河水流湍急，两岸都是高山峻岭，只有一座铁索桥可以通过。这座铁索桥，就是红军北上必须夺取的泸定桥。国民党反动派派重兵防守泸定桥，阻拦红军北上。泸定桥是由 13 根铁链组成的，铺上木板，就是桥面。当时百余米的泸定桥已被敌人拆去桥板，并在桥头高地组成密集火力，严密地封锁着泸定桥桥面。我们的红军战士，冒着枪林弹雨，背着枪，一手抱木板，一手抓着铁链，爬着光溜溜的铁索链向桥对面猛扑，边前进边铺木板，英勇地夺下了泸定桥，使红军的主力渡过了天险大渡河，取得了长征中的又一次决定性的胜利。

下面，我们来开展一个游戏，看看大家"渡河"的能力怎么样。

（1）学生分组，10 人一组，每组 2 张 1K 纸，划定起点和终点，终点距起点 5 米。

（2）讲解规则：利用 2 张纸，从起点转移到终点，每组 10 人同时站立在 1 张纸上，身体任何部位不准接触纸以外的地方，队员通过 2 张纸将队员全部转移到终点。如果在由 1 张纸转移到另 1 张纸的过程中接触地面，则返回起点重新开始。

（3）活动结束后，同学分享：完成任务困不困难？遇到哪些问题？我们是怎么做的？是个人努力还是依靠集体力量完成了任务？

教师总结：

这个活动考验的是我们"齐心"的能力，在失败中不断尝试，大家一起商量、一起出谋划策，每个人都在这个过程中感受到了自己是集体中的一员，大家越来越默契，完成了挑战。

活动三：粮草先行

活动道具： U 型槽、圆球、塑料杯。

活动场地： 教室或操场。

活动时间： 30 分钟。

活动过程：

教师导入："粮草先行"是指行军打仗时，部队的保障物资先要到达驻地。我们今天这个活动，圆球就是"粮草"，同学们用球槽将"粮草"安全的运到目的地。活动过程中需要同学们的紧密配合，每人手拿一根 U 型槽，一字排开，将球连续传递到下一个队员的球槽中，并迅速地排到队伍的末端，继续传送前方队员传来的球，直到球安全的到达指定的目的地为止。

通过共同运输"粮草"，大家感受下小我和大我之间的关系以及活动中的节奏、指挥、以及配合的重要性，团队中不仅有集体荣誉感，还有个人的团队责任感，每个人都要做好自己的环节，才能实现大家共同的目标。

🔘 **活动规则：**

（1）10人一组，每人发放一根 U 型槽，划定起点及终点，塑料杯放在终点处。率先将"粮草"安全运送到目的地的队伍获胜。

（2）一名队员在起点放球，开始传递，球传递出去后立刻跑到队尾接力。

（3）行进过程中学生的手禁止触碰到圆球，如果行进过程中球落地，需要全组同学回到起点重新开始。

（4）运球的顺序每位学生交替进行，不允许堵住 U 型槽两端进行跑动。

（5）安全到达终点，将球投进指点塑料杯。

（6）5分钟练习时间，5分钟后活动正式开始。

⚠️ **注意事项：**

在运球的过程中禁止学生拿着 U 型槽进行舞动、敲打，注意安全。

🔖 **教师总结：**

这个游戏里，每一个小组就是一个集体，每个人在集体中都发挥着自身的作用，每个人都很重要。在活动过程中，我们要团结一心，互相合作，只有这样才能走向成功。在生活中也是如此，我们的班级、我们的学校是一个大集体，一个强大的团队是所有人共同打造的，我们每个人都是重要的一部分，我们要有集体意识，发挥自己的作用。

🏆 **课堂小结：**

今天我们就"融小我、成大我"这个话题一起做了体验，希望大家能将学习感受落实到日常行动中，团队精神是合作的升华，一个人的力量是渺小的，只有当他融入集体之中，个人的创造潜力才能得到发展。今天的你们将来不论在哪个岗位，都会加入一个或大或小的团队。有些同学还可能亲自组建一个团队，领导一个团队。无论你是团队的成员或是团队的领导，都需要一种团队精神。而这种团队精神的实质就是集体主义的表现。它要求在集体中有事要大家商量，个人要服从集体，少数服从多数，融小我、成大我。让我们在团结协作中共同成长，为实现伟大的中国梦贡献自己的力量！

拓展作业

1．观看《淮海战役》等影视剧，结合平时的表现，思考如何更好地在集体中发挥自己的作用。

2．搜集关于"穷则独善其身，达则兼济天下"等方面的名人名言，体会其含义，写到个人成长档案里。

3．学唱歌曲《团结就是力量》。

第二学期

千锤百炼 身心健康

第九节　身体健　强基石

设计理念

了解健康的内涵，认识健康的基本标准，感受健康是每个人立足于社会的基石，更是国家强盛的必备条件。习近平总书记指出，没有全民健康，就没有全面小康，要大力发展健康事业，要做身体健康的民族。

设计目标

分享伟人、奥运冠军强身健体、勇于拼搏的案例，指导学生参与拓展训练，引导学生剖析自己生活中的不良健康习惯，使学生认识到身心健康的重要性。

活动一：话说强身健体

⊙活动时间：20分钟。

1．案例分享："东亚病夫"的警示（5分钟）

2018年国家卫健委日前发布的《中国青少年健康教育核心信息及释义（2018版）》，针对青少年身心健康存在的主要问题，给出量化建议。

出示图片：

教师导入：你们日常生活中有没有肥胖、近视、网络成瘾、吸烟、熬夜、暴力侵害等现象？它有什么危害？

学生分享身边的案例。

教师引导：通过刚才的分享，我们发现身边这样危害健康的现象很普遍，大家也都认识到以上这些行为对我们的健康构成了威胁，但大部分同学还不能自控，试想一下，如果这种现象持续下去，除了影响个人健康之外，会给整个国家民族带来什么影响？

观看视频《东亚病夫》及电影《精武门》片段。

教师分析：当时的中国民不聊生，外国人通过鸦片不但掠夺了中国的财富，更控制和摧残了我国人的身体，一度被外国列强侵略。

学生讨论：让我们一起反思自己，为什么当时的外国列强称中国人"东亚病夫"？个人健康与国家的关系是什么？

教师总结：

通过讨论我们发现，个人健康与国家利益密切相关，只有民强才能国强。只有我们身心健康才能为自己为国家谋福利。

2．案例分享：健康的力量（8分钟）

健康是一切的基石。让我们一起来看毛泽东的健身故事。观看毛泽东畅游长江视频。（3分钟）

1949年，新中国成立了，作为国家领袖的毛泽东同志非常注重锻炼身体，24次横渡长江。没有极强的身体素质是不可能完成的，最后一次是在他75岁高龄，并提出了"发展体育运动，增强人民体质"的号召。

习近平如此谈"劳逸结合"：2015年1月12日，习近平在人民大会堂主持召开座谈会，嘱托"年轻人不要总熬夜"。"那个时候我年轻想办好事，差不多一个月大病一场。为什么呢？老熬夜。经常是通宵达旦干。后来感觉到不行，这么干也长不了。先把自己的心态摆顺了，内在有激情，外在还是要从容不迫。因为我当时是看书还是谁跟我讲了一句很智慧的话，说你手里攥着千头万绪，工作是千头万绪，攥着一千个线头，但是一次针眼只能穿过一条线。后来我就想明白了，今天（晚上）做到12点，就不做了睡大觉，第二天重新来过。"

形成良好的生活习惯，选择适合自己的健身方式，是成长、生活中非常重要的内容。

3．案例分享：发扬奥运精神树强国形象（7分钟）

一个国家的强大，要以国民的健康作为基石，我国历届体育健儿，用他们的不断拼搏，树立了我们体育强国的形象。

图片展示：1984年许海峰拿到了第一个奥运冠军，2008年北京奥运会我国的金牌总数位列世界第一。

然后让学生观看视频：中国奥运会金牌变化历程。（3分钟）

🌼 **课堂小结：**

健康是促进人的全面发展的必然要求，身体是革命的本钱，我们要把身体健康作为人生的第一等大事，这是我们做任何事情的基础。同学们要向这些伟人、名人学习，发扬奥林匹克精神，通过多种方式锻炼提高身体素质，为服务社会、建设强大祖国打牢健康基础。

活动二：八段锦

🌐 **活动场地：**空旷教室。

🕐 **活动时间：**20分钟。

📋 **活动过程：**

教师导入：今天我们要进行一场强身健体的热身活动——八段锦。

（1）排队，班级同学排成四列，按照广播操队形排队，前后左右间隔1米。

（2）学生观看视频，在教师带领下进行八段锦练习。

（3）讨论：做完八段锦你有什么感觉？

🐚 **教师总结：**

刚才的热身活动体现出了练习八段锦不但可以起到增强体质的作用，而且还可以改善睡眠质量、强筋健骨，同时还能够增强自身的免疫能力。

活动三：趣味运动

✳ **活动道具：**气球。

🌐 **活动场地：**户外。

🕐 **活动时间：**20分钟。

（1）教师导入：体育运动非常重要，它能提高人民身体素质和健康水平、促进人的全面发展，它能丰富人民精神文化生活、推动经济社会发展，它更可以激励全国各族人民追求卓越、突破自我。体育水平是社会发展和人类进步的重要标志，是综合国力和社会文明程度的重要体现。接下来，我们要开展一次主题为"身体健，强基石"的"趣味运动"。

（2）比赛规则：

比赛分组进行，每组队员接力完成以下项目，用时最短的队获胜。

背对背拥抱。两名参赛运动员背对背将一个气球夹住，每人双手在背后交握，侧跑完成30米赛段，如果期间气球落地，则要在球离开身体处由裁判重新放球继续赛程。

每一环节完成后，需要与下一环节选手击掌，否则成绩无效。

🎙课堂小结：

最先完成的小组，一定是身体素质各方面在团队中较好的，让他们谈一下感受。这还只是一次小小的挑战，一场没有硝烟的战争从 2019 年底开始了，新型冠状病毒对人们的身体提出了新的更加残酷的挑战，实事证明，身体的免疫力是我们的最后一道防线，而这道防线的建造者，就是我们自己。

拓展作业

1. 推荐观影：纪录片《精武门》、故事片《鸦片战争》。

2. 搜集《毛泽东关于体育运动的讲话》《习总关于健康的批示》、古今中外名人志士注重健康的故事，争取能完整地讲给同学听。

3. 学习中华民族的瑰宝，学练八段锦、五禽戏、太极拳（视频：曲黎敏讲八段锦、五禽戏等，发源于莱州的吴式太极）中的一段。

第十节　我劳动　我快乐

设计理念

　　劳动是人类的本质活动，劳动是人类社会生存和发展的基础，也是新时代青年一代必须具备的传统美德；加强对学生的劳动实践教育，是实现党的教育方针、培养社会主义合格接班人的根本要求。

设计目标

　　通过体验活动，增强学生劳动观念，树立劳动光荣理念，引导学生热爱劳动、愿意积极参与劳动。

活动一：话说劳动与快乐

　　⊙ 活动时间：20 分钟。

　　1. 经典分享：《悯农》（3 分钟）

悯农

[唐] 李绅

锄禾日当午，

汗滴禾下土；

谁知盘中餐，

粒粒皆辛苦。

　　教师分享：

　　这首古诗，大家都非常熟悉，前半部分说种田辛苦，后半部分告诉我们要珍惜劳动成果，要爱惜粮食、节约粮食。从这首诗中，我们看到了劳动是人类生存发展的基础和手段。高尔基说：我们世界上最美好的东西，都是由劳动、由人的聪明的手创造出来的。习近平同志也指出：人民创造历史，劳动开创未来。劳动是推动人类社会进步的根本力量。今天我们这节素质课，主题就是"我劳动、我快乐"。

2．案例分享：最美奋斗者——李登海（8分钟）

莱州有一位全国闻名的劳动模范，他是育种专家，他的名字是——李登海。

李登海，男，1949年9月出生，山东省莱州市后邓村人，现任山东登海种业股份有限公司党支部书记、名誉董事长，国家玉米工程技术研究中心（山东）主任。

李登海在生产队的时候，不管是做一名普通社员，还是做农科队的技术员，他总是脏活累活抢着干，而且特别有"抻头"，就是活不干完不停手，常常是从清早开始干，一直到"日头晌了歪"（下午一两点钟）才吃中午饭。

李登海作为农民发明家，被称为"中国紧凑型杂交玉米之父"，使他与"杂交水稻之父"袁隆平齐名，共享"南袁北李"的美誉。30多年间，他先后选育玉米高产新品种80多个，6次开创和刷新了中国夏玉米的高产纪录。他主持选育的"掖单"系列玉米新品种，曾获国家科技进步奖一等奖。

2015年9月25日，中宣部向全社会公开发布"时代楷模"李登海先进事迹；2019年9月25日，李登海被授予"最美奋斗者"荣誉称号。

下面请同学们看一段视频《一粒种子撒播一生》，让我们一起感受李登海的先进事迹，请同学们记住，然后要分享让你感动的瞬间。

播放视频《一粒种子撒播一生》。

学生分享。

👤 **教师分享：**

李登海同志只有初中文化程度，但是他热爱劳动、热爱学习、刻苦钻研，在劳动中享受快乐，在为中国玉米育种事业做出贡献的过程中享受幸福，是我们学习的榜样。

3．案例分享：开垦南泥湾（9分钟）

观看《南泥湾》电影短视频。

南泥湾，方圆约100平方公里，地处延安东南90华里的黄龙山，这里军事地位重要，是保卫延安的南大门。1941年3月，359旅的指战员们以"一把镢头一支枪、生产自给保卫党中央"的雄心壮志，唱着"开荒好似上火线，要使陕北出江南"的战歌，浩浩荡荡开进了南泥湾。

初进南泥湾的战士们面对的是乱木杂草丛生、山禽野兽成群的荒凉世界，迎接他们的是一个又一个的困难。可是他们不但没有被吓倒，反而以大无畏的英雄气概提出"在深山密林安家，向荒山野岭要粮"的战斗口号，用自力更生、艰苦奋斗的革命精神去克服所有困难。没有房子住，战士们就用树枝、杂草搭起窝棚、挖窑洞，甚至露宿野外。粮食不够吃，就挖野菜、采野果、打猎来解决。开荒没有工具，就收集废铜烂铁、自己制造。夏天没有衣服，就光着肩膀开荒干活。冬天被褥单薄，就砍柴烧炭御寒取暖。学习没有纸，就用桦树皮代替。没有肥皂，就用皂角和草木灰洗衣服。

359旅的将士们不仅战胜了上述各种困难，而且一开始就抓住开荒生产这个中心不放。从旅到团都制订了生产计划，规定了生产任务，上至旅长，下到马、伙夫，都编入生产小组，创办了"新中国"的大农场。王震旅长身先士卒，和战士一起开荒，双手打满血泡。在指战员们的艰苦奋斗下，1941年，全旅开荒11 000多亩，每人平均种植粮食蔬菜6亩。

到1944年，359旅吃穿用完全自给自足，不但不要政府一分钱、一粒粮、一寸布，反而每年向政府交纳公粮10 000石。可以说达到"自己动手，丰衣足食"，使南泥湾变成了"到处是庄稼，遍地是牛羊"的陕北好江南。毛泽东视察南泥湾时说："困难，并不是不可征服的怪物，大家动手制服它，它就低头了。大家自力更生，吃的、穿的、用的都有了。"

学生分享感受。

🏵**教师总结：**

劳动最光荣、劳动最崇高、劳动最伟大、劳动最美丽。全社会都应该尊敬劳动模范、弘扬劳模精神，让诚实劳动、勤勉工作蔚然成风。

活动二：洗衣舞

◎活动场地：空旷教室。

◎活动时间：15分钟。

◎活动过程：

教师导入：今天我们要进行一场特殊的热身活动——洗衣舞。

（1）分组排队，班级同学分成四个小组，按照广播操队形排队，左右间隔两米、前后间隔1米。

（2）教师讲解舞蹈要领：洗衣服、晾衣服、拖地、擦玻璃。

（3）学生观看视频，在教师带领下进行洗衣舞练习。

（4）分小组比赛，评选优秀舞蹈小组。

（5）讨论：你从洗衣舞体会到了什么？

🏵**教师总结：**

刚才的活动体现出了劳动能带来快乐，今天我们用自己的双手创造了美，感觉如何？

活动三：我的中国心

✖活动道具：针、扣子、线、背景布。

◎活动场地：空旷教室。

◎活动时间：25分钟。

● 活动过程：

（1）学生分组用针、线、扣子、背景布，每组缝一个字。

（2）小组同学分别展示各自小组的缝字任务，谈一下感想。

（3）最后将缝好的字一起拿到台前展示。

（4）教师点评：通过刚才的"我的中国心"缝扣子活动，老师看到了同学们娴熟的技术、劳动光荣、技能宝贵、创造伟大，希望同学们能够结合自己的专业苦练技能，热爱劳动，共同创造美好人生。

拓展作业

1．观看电影《南泥湾》，写出心得体会充实到个人成长档案。

2．周末回到家里帮爸爸妈妈做一道菜，把饭菜的名称及制作过程写下来。

第十一节　人有情　绪有理

设计理念

　　丰富的情绪是人类特有的一种心理现象，是人类对于周围各种事物和现象的内心感受的反映。中职生正处于成长的关键期，心理的敏感期，他们的情绪往往容易受外界的影响。引导他们对自己和他人的情绪准确洞察，正确处理个人的情绪，是心理健康教育的重要内容，是培养情商的第一步。

设计目标

　　通过活动，学生认识到调节情绪的重要性，了解积极情绪和消极情绪的不同影响。学会调节和控制自己的情绪，合理宣泄不良情绪，保持积极乐观的情绪状态。

活动一：话说情绪

　🕐 **活动时间**：20分钟。

1. 经典分享："怒不过夺，喜不过予"（6分钟）

从《荀子·修身》的经典名言导入，结合学生实际提出问题，引导学生认识情绪。

战国末期思想家荀子在《荀子·修身》中提出："怒不过夺，喜不过予"。这两句名言的意思是：愤怒时不对人过分地处罚，高兴时不对人过分地赐予。处事要遵守一定的原则，不可因情绪方面的原因而在执行时过宽或过严，这就需要人有较高的修养，善于控制自己的情绪，使情感服从于理智，不为喜怒所左右。

老师想问大家：你有没有因为自己的愤怒而做出伤害周围人的经历？结果怎么样呢？你在愤怒时能控制自己的情绪吗？

学生分享交流。

　👤 **教师分享：**

学会控制自己的情绪这是个人成熟的一个最重要的标志。我们日常生活中的情绪起伏，都会不可避免地影响周围的人；喜怒无常，也注定会破坏别人对自己的信任。所以，懂得做人，有时候比懂得做事更重要。我们要学会控制情绪，而不要让情绪控制自己。

2．案例分享：张海迪保持坚强乐观的情绪谱写生命之歌（7 分钟）

在祖国的大地上，一位瘫痪姑娘谱写的高昂生命之歌，震撼了亿万青年的心灵，人们从她身上汲取强大的精神力量，使自己的情操变得更加高尚。她是谁？她就是向命运挑战的张海迪。

（展示张海迪事迹短视频）

张海迪的一生经受了严重的挫折，在 5 岁时，她就得了硬脊膜外血管病变，在此后的十六年间，她先后动了四次大手术，摘除了六块脊椎板，从此高位截瘫。在她高位截瘫后，也曾一度情绪低落，产生了自卑等悲观的情绪，但她没有持续消沉下去，努力调整，使自己保持坚强乐观的情绪，积极地投入学习、生活和战胜病魔中。张海迪先后学会了针灸和几种外文，并翻译了大量的文学作品，在事业上取得了巨大成功。

教师分享：

长达 40 多年的病痛，始终都在折磨着张海迪，但她却始终坚持，保持乐观积极的情绪。今天当我们读着张海迪写出的那一本本散发着油墨香的书时，就能看到一个健康的灵魂，感受深藏在其中的坚强乐观的情绪。

3．案例分享：顾全大局的共产党人（7 分钟）

展示几张红军、八路军的军装照片。

同学们，大家知道刚才展示的照片分别是哪支军队的军装吗？

对于红军的军装，大家都比较熟悉：红五星、红领章、八角帽……红色，是中国革命和红军的象征。可是，对于八路军的军装，很多人会感到疑惑，为什么中国共产党领导的军队，会佩戴青天白日的帽徽和国民革命军的臂章呢？这里，有一段历史故事。

1931 年，日本发动侵华战争，中国大片土地沦失，日本帝国主义的野蛮侵略，使中华民族处于生死存亡的重要关头。国民党和共产党是抗日民族统一战线的核心，决定着统一战线的发展。西安事变以后，国共双方达成了依托抗日民族统一战线，进行第二次国共合作，共同抗日救亡的决议。在国共合作抗战的初期，很多红军战士对国民党、蒋介石有刻骨的仇恨，让红军改编成国民革命军，换装国民党的军装、戴青天白日帽徽，大家都有激烈的对抗情绪。但是，中国共产党顾全大局，以民族利益为重，毅然摒弃前嫌，倡导和推动国共第二次合作。在党的教育下，战士们理解了抗日民族统一战线的重要意义，顾全大局，安抚情绪，顺利实现了改编，战士们纷纷投身到轰轰烈烈的抗日战争中。

教师总结：

正是由于中国共产党人顾全大局，在民族大义面前保持清醒冷静，没有被仇恨情绪冲昏头脑，才最终促成了抗日民族统一战线的成立，为抗日战争的胜利奠定了坚实的政治基础，挽救了中华民族。

活动二：赢跑

⊗ **活动道具**：无。

◉ **活动场地**：空旷教室。

◔ **活动时间**：15 分钟。

游戏规则：

（1）班里同学分成四组，其中两组进行比赛，其他两组观看。

（2）两组分别出一名同学，进行猜拳：剪刀石头布，赢的跑，输的追。在规定的距离里，没有追上赢的人，赢的一方获胜。如果赢的一方被追上，输的一方获胜。每人一次比赛机会，结束后换小组其他成员，直至所有人参加完毕。

（3）不能跑出规定的距离外，追的过程中拍到对方为成功。

🌐 **分享讨论**：

（1）刚才的活动中，你印象最深刻的是什么？

（2）你有什么样的感受？快乐？紧张？兴奋？

🔶 **教师总结**：

在刚才的活动中，大家都很活跃，参与度都很高，反应非常敏捷，我感受到大家各种情绪的状态，时而紧张，时而放松，看到你们兴奋的表情，知道大家都已经进入了今天的活动状态，那么，就让我们开始今天的主题活动吧。

活动三：情绪情景剧

⊗ **活动道具**：情绪卡片。

◉ **活动场地**：空旷教室。

◔ **活动时间**：25 分钟。

🔶 **活动过程**：

（1）教师导入：我们了解了人的基本情绪，其实它们是无时无刻不出现在我们生活中的，我们需要去了解它们，觉察它们。

（2）将同学分为四个小组，每个小组领取一张情绪卡（喜、怒、哀、惧）。

（3）要求每个小组自己设计一个在校园或家庭中的情景，一定要着重突出任务卡中的情绪。

（4）根据剧情设计，原则上全组成员出演，如有没有参演者，将在本组情景剧表演后，共同表演出本小组任务卡中的情绪表情。

（5）邀请同学对刚才的表演谈一下自己的感想。

教师总结：

非常感谢几位同学的精彩表演，我们通过他们的表情和肢体语言，对情绪有了更深刻的了解，人类虽然有各种各样的情绪，但人类的基本情绪是：喜、怒、哀、惧。

拓展作业

1. 观看动画《头脑特工队》，进一步体验控制情绪的重要性。
2. 搜集背诵有关情绪管理的经典语句，感悟体会写到个人成长档案里。

第十二节　有情绪　需善用

设计理念

中职生生理上逐渐成熟、自我意识迅速发展、思维能力显著提升，但心理与社会经验尚且缺乏的心理特点，导致中职生的情绪体验有其特殊的方面，具体表现主要为情绪状态不稳定，情绪表达不协调，敏感多虑，焦躁不安，孤独恐惧，欣喜若狂等。了解情绪，学会调节和控制情绪，保持乐观心态，才能把握未来。

设计目标

让学生了解合理地调节情绪对身心健康有着重要的意义，并逐步掌握调节情绪的有效方法，以便在日常生活中克服消极的情绪，保持乐观积极的心境。

活动一：话说情绪管理

◉ 活动时间：20分钟。

1. 案例分享：值日引发的冲突（6分钟）

小李未完成值日工作，按班规课后要重扫，重扫时小许叫他的外号，并嘲笑他，小李一怒之下打了小许而受处分。

思考并分享：以上案例中的主人公在生活中遇到了问题，情绪不佳，他们的做法对吗？如果是你会怎么办？

教师分享：

每个人每天都会处于各种不同的情绪状态当中，如果不能管理好自己的情绪，就会给自己的生活带来不利影响，反之，如果能管理好自己的情绪，并加以妥善利用，则会给自己的生活带来积极影响。所以，今天我们的课程内容是情绪管理。

当我们有了不良情绪怎么办呢？不妨试试以下几种方法。

（1）宣泄法。人在受挫时，会产生很多负性情绪，这种情绪靠堵是堵不住的，比较好的方法是在合适的场合发泄出来。这种方法一般包括"出气室"宣泄，书写宣泄，向人倾诉宣泄。"出气室"宣泄法是指在专门建立的软体房间内，对橡胶制品类的物体大打出手。

当然作为学生，没有这一条件，找一个僻静的角落，对树木、石头发泄一通，效果也是一样的。书写宣泄，是通过写信、日记、绘画等形式发泄自己的不满。向人倾诉宣泄，则是把自己的烦恼、愤怒、痛苦等向老师、朋友或亲人一一倾诉或大哭一场，以缓解心理压力。

（2）注意转移法。即把注意力从消极情绪的事情上转移开来。采取暂时回避的方式，去看电影、电视，听音乐，散步，进行体育运动或做其他有意义的事。

（3）反向思维法。即换个角度看问题。在遇到挫折时，要从积极的方面去想，努力从不利因素中找到有利因素，从而调动自己的积极性。生活中自会有"否极泰来""因祸得福"之事。

2．案例分享：周恩来一生顾大局（6分钟）

出示照片。20世纪20年代末到30年代初，是中国共产党的早期历史上极不平静的岁月。在共产国际的影响与干预下，连续三次"左"倾错误使党内出现严重意见分歧与派别纠纷，并一度陷入混乱。在30年代初作为中央实际工作主要领导者的周恩来屡次遭受不白之冤和莫须有的"罪名"，在"文革"时期，周恩来同志为了保护一些老干部、维持国家经济社会的正常发展，受到"四人帮"等的排挤、诬陷，也经历了一段复杂艰难的岁月，其痛苦压抑的心情是常人难以体会的，但他并没有怨天尤人或明哲保身，没有让个人情绪影响党的事业，而是"照顾大局，相忍为党"，为党的工作和革命事业的发展竭尽心力。

教师分享：

同学们，人人有情绪，但不能被情绪左右。韩信成为一代名将，周恩来成为举世敬仰的伟人，为中国革命的胜利建立不朽的功勋，都是因为他们懂得控制情绪，有强大的自制力。让我们学习伟人的高贵品质，学会调控自己的情绪，成就美好的一生吧。

3．案例分享：皖南事变中坚强的中国共产党（8分钟）

1940年10月19日，蒋介石发出"皓电"，限令黄河以南新四军干一个月内撤到黄河以北，同时密令其数十万军队准备进攻华中新四军，从而掀起了第二次反共高潮。中共中央在揭露蒋介石阴谋的同时，为顾全大局，决定将皖南的新四军撤到长江以北，并连电东南局和新四军分会书记项英，乘国民党军尚未部署就绪，迅速率部北移，防止遭到突然袭击。1941年1月4日，新四军军部及所属的支队9 000多人由云岭出发北移；6日，行至皖南泾县茂林时，遭到国民党军8万多人的伏击；新四军指战员奋战七昼夜，弹尽粮绝，除了大约2 000人突围外，大部分被俘或牺牲。新四军军长叶挺与国民党军队谈判时被扣押，项英、周子昆被叛徒杀害。17日，蒋介石竟反诬新四军"叛变"，宣布取消其番号，并声称要将叶挺交军法审判。这就是震惊中外的皖南事变。周恩来根据党中央指示，向国民党提出严正抗议，并在《新华日报》上愤然写下了"千古奇冤，江南一叶；同室操戈，相煎何急？！"的题词。

1941年1月20日，中共中央军委发布重建新四军军部的命令，任命陈毅为代理军长，张云逸为副军长，刘少奇为政治委员，继续领导新四军坚持长江南北敌后抗日斗争。我党领导人及全军将士上下一心，化悲痛为力量，利用一切公开场合和机会向社会各界和驻重庆的美、英、苏等国外交、军事人员与记者等揭露皖南事变真相。中国共产党的正义立场，得到了广大人民群众、各民主党派、海外华侨及国际舆论的广泛同情和支持。经过共产党的不懈努力，终于打退了国民党顽固派发动的第二次反共高潮。

教师分享：

拿破仑说："能控制好自己情绪的人，比能拿下一座城池的将军更伟大"。每个人都无可避免地会经历许多负面情绪。但一味地发泄情绪，不仅不能帮助我们解决问题，还会让问题变得更复杂更难以处理。与其做情绪的奴隶，不如学会做它的主人。觉得生活极其不如意时，不妨让自己静下心来，好好审视现状，做好选择，在完成一件件小事中，找到对生活的掌控感，让自己一点点变好。坏情绪往往产生于我们在现实中遭遇困境之时，它就像一把噬人的火焰。一件不顺心的小事件，在不良情绪的蔓延下，完全有可能成为一场大灾难。一个人、一个集体、一个政党，无论遇到任何艰难险阻，都要控制情绪保持清醒的头脑，掌好人生之舵、集体之舵，为国家的繁荣富强，人民的幸福生活贡献自己的正能量。

活动二：情绪打气筒

⊗ **活动道具：**打气筒 1 个、气球 5 个。

活动场地：空旷教室。

活动时间：20 分钟。

活动过程：

（1）教师导入：我们都吹过气球，都知道，没有气的气球不能来做游戏，一定要吹起来才能发挥它的价值，然而我们也都知道，充太多气的气球，就会爆炸。今天，我们再来感受一下这个过程。

（2）老师邀请同学上台体验，用打气筒慢慢给气球充气。

（3）快要破裂的时候停下来，向同学提问，参考问题和建议答案如下：

①若继续给气球充气，会怎样？

建议答案：会导致气球破裂。

②假如气球代表人，打气筒输入的空气是情绪，若我们堆积了太多的情绪会怎样？

建议答案：身心受损，甚至崩溃。

③如果我们免于崩溃，该如何做？

建议答案：抒发情感、情绪。

④若把人和情绪的关系比喻成气球和打气筒，你会联想到什么呢？

建议答案：像气球不能承受过多的空气输入一样，人也不能承担太多的情绪负担。

⑤若气球的气完全放出，气球会怎样？

建议答案：失去了气球应该有的形状。

⑥若人完全没有情绪会怎样？

建议答案：失去对事物的兴趣，给人过分冷漠和没有情感的感觉。

💬**教师总结：**

打气筒输入气球的空气代表人的情绪，气球代表人的身心，若我们不懂得适当地表达或宣泄自己的情绪，而把情绪堆积下来或不经意地忽略掉，便会影响身心。当然，若一个人完全没有情绪，便会像一个完全没有气的气球，给别人过分冷漠和没有情感的感觉。

活动三：情绪病毒

✖ **活动道具：** 无。

◎ **活动场地：** 空旷教室。

◐ **活动时间：** 20 分钟。

▣ **活动过程：**

（1）教师导入：同学们，我们每个人都有情绪，喜怒哀惧每天都会在我们的生活中出现，我们也被这些情绪影响着。这些情绪不仅会影响我们，还会辐射给身边的其他人，让我们来感受一下情绪的威力。

（2）不安情绪传染。

游戏规则：

游戏开始前，所有同学围成一圈，并且闭上眼睛，老师在同学们组成的圈外走儿圈，然后拍一下某位同学的后背，确定"情绪源"，注意尽量不要让第三者知道这个"情绪源"是谁。

让同学们睁开眼睛，散开，并告诉他们现在是一场 10 年后的同学聚会，他们可以在屋里任意交谈，和尽可能多的人交流。

此时"情绪源"需要通过眨眼睛来表示自己不安的情绪给三位同学，这三位同学也通过同样的方式传递给另外三人，5 分钟后，所有人集合。

首先我们让"情绪源"站出来，然后让被他传染的三位同学站出来，最后再让被这三人传染的人站起来，此时所有人都站了起来。

（3）快乐情绪传染。

教师导入：刚刚我们感受到不安情绪的传染，现在已经找到了治疗不安情绪传染的有效措施，制造快乐源，用真诚的微笑来冲淡不安情绪的阴影。

游戏规则：

让大家重新围成一个圈，闭上眼睛。老师告诉同学会从他们当中选择一个成员作为快乐之源，并通过微笑将快乐传递给大家，任何一个得到微笑的同学要将微笑传递给其他三位同学。

老师在圆圈后面走几圈，假装确定"快乐源"（实际上没有拍任何人的后背），然后让大家睁开眼睛，并宣布游戏开始。

自由活动五分钟后，同学再次围成圈，让收到快乐信息的同学向前一步走。

让大家猜测他们认为的"快乐情绪源"，最后老师告诉大家其实没有确定"快乐源"，是他们的快乐感染了自己。

🕮 **分享讨论：**

（1）在刚才的活动中发生了什么事？你做了什么？活动中印象最深刻的是什么？

（2）你的感觉如何？在第一轮中，当你被传染了不安情绪时，你是否会感受到不安？第二轮中当你被传染了快乐情绪，你当时是什么心情？

（3）在生活中，你是否曾经用自己的情绪影响过别人？也是否被他人的情绪影响过？从中你发现学习到了什么？

（4）通过这个活动，对你未来的生活有什么影响？

🐚 **教师总结：**

通过刚才的活动，我猜各位同学都有不同的收获和感受，我们认识到，情绪不仅仅是自己的，同时也会影响到身边的其他人。让我想起了一个"踢猫效应"的故事。一父亲在公司受到了老板的批评，回到家把沙发上跳来跳去的孩子臭骂了一顿。孩子心里窝火，狠狠去踹身边打滚的猫。猫逃到街上，正好一辆卡车开过来，司机赶紧避让，却把路边的孩子撞伤了。这就是心理学上著名的"踢猫效应"，描绘的是一种典型的坏情绪的传染所导致的恶性循环。所以说，我们要学会管理情绪，有效地管理情绪，可以减少对自我的攻击和对他人的影响和伤害。

拓展作业

1. 背诵有关于情绪的经典名言。
2. 观看电影《皖南事变》。

第十三节 人与人 需沟通

设计理念

沟通是一门艺术，更是一种生活必备技能，它对我们的人生发展有着非常重要的作用，我们应该正确认识沟通，重视沟通，学会沟通，通过有效沟通最大程度地提升自我，加强人际关系。

设计目标

通过体验沟通的重要性，理解"沟通"的内涵。引导学生正确认识并重视沟通。

活动一：话说沟通

活动时间：20分钟。

1．案例分享：墨子诲耕柱（5分钟）

墨子，名翟，春秋末期战国初期宋国人，被后世尊称为"科圣"，是职业教育的鼻祖。在其传世经典《墨子·耕柱》中，记载着一个"墨子怒耕柱子"的故事。出示图片及文字说明。

学生分享：从这个故事中你有哪些感受？

教师分享：

耕柱子是墨子的一位得意门生，不过，他经常挨墨子的批评，耕柱子觉得很委屈，就愤愤不平地问墨子："老师，难道在这么多学生当中，我竟是如此的差劲，以致要时常遭您老人家责骂吗？"墨子诲耕柱，看似重视和栽培他，以严厉的态度来训导他，但是却因为墨子缺乏基本的沟通，使教诲变得让人难以接受，难怪耕柱子误会了老师，甚至对自己的能力和才华产生了怀疑。在耕柱子与墨子沟通之后，才理解了老师的良苦用心。

这个小故事，让我们更能看出沟通的重要性。生活中，沟通是快乐的，它能消除人与人之间的误解，增进情感，体现亲人之间的关爱和关心，所以我们的生活学习中离不开沟通，而有效的沟通使我们人际关系融洽。

沟通是人与人之间、人与群体之间思想与感情的传递和反馈的过程，以求思想达成一致和感情的通畅。沟通是双方相互了解，消除误解，增加亲近感，拉近彼此距离的主要渠道。中国有句成语：与君一席谈，胜读十年书！这说明了沟通能让我们在学习、工作中增进信息的共享，吸取不同的经验和教训，增进配合，提高默契。

2．案例分享：陈毅三进泰州（8分钟）

抗日战争的烽火燃遍神州大地之后，陈毅率领新四军一支队挺进江南。他遵照党中央的指示，准备分一部分兵力渡过长江去苏北平原，在那里开辟抗日根据地。然而1938年的苏北却是一个鱼龙混杂的地方。当地共有日伪军和国民党军10万人。而陈毅率领的新四军一支队只有2 000多人，假如分1 000人去苏北的话，生存谈何容易！面对这种复杂的形势，陈毅决定争取中间势力——李明扬、李长江联合抗日。再加上两李的部队驻防泰州一带，紧靠长江北岸，新四军要渡江北上，必须得到其支持，于是，他深夜亲自登门拜访。

学生分享感受。

🧑 **教师分享：**

通过陈毅三进泰州，与李明扬、李长江谈判，协商团结抗日大计，成功争取了李明扬等中间势力信守中立，使新四军顺利东进。之后，李明扬和陈毅联手开展了轰轰烈烈的抗日战争，实施了中共中央六届六中全会确定的"大力巩固华北、发展华中"的战略决策，为抗日战争的胜利立下了汗马功劳。

这个小故事，让我们更能看出沟通的重要性。沟通能够迅速激发他人对你的理解，让他人自愿地带给更多的协助，发展互惠互利的合作关系；另外还能够避免人与人之间无谓的争论，消除人与人之间的误解，增进情感，体现人与人之间的关爱和关心，所以我们的生活学习中离不开沟通，有效的沟通使我们人际关系更加融洽。

3．案例分享：重庆国共谈判（7分钟）

重庆谈判，是抗日战争胜利之际，中国共产党和中国国民党两党就中国未来的发展前途、建设大计在重庆进行的一次历史性会谈。从1945年8月29日至10月10日，经过43天谈判，1945年10月10日，国共双方代表签订《政府与中共代表会谈纪要》，即《双十协定》，并公开发表。国民党政府接受中共提出的和平建国的基本方针。双方协议必须共同努力，以和平、民主、团结、统一为基础""长期合作，坚决避免内战，建设独立、自由和富强的新中国"。非常可惜的是，国民党后来撕毁了协议，发动了全面内战。

📖 **教师总结：**

一个人、一个集体、一个政党、一个国家的发展都离不开沟通。沟通是人们生存、生产、发展和进步的基本手段和途径。也是现代管理的命脉。没有沟通或者说沟通不畅，管理效率就会低下。

活动二：撕纸

✿ **活动道具：** A4 纸每人 2 张。

◎ **活动场地：** 空旷教室。

⊙ **活动时间：** 10 分钟。

📋 **活动过程：**

（1）给每位同学分发 2 张 A4 纸。

（2）请同学们拿出一张纸，然后闭上眼睛，全程不许睁开；全过程不准问问题。

（3）老师依序发出指令：

把纸对折；再对折；再对折；把右上角撕下来，转 180 度，把左上角撕下来。

（4）请大家睁开眼睛，展示自己撕的纸。（会出现不同的图案）

（5）拿出第二张纸，老师重复相同的指令再做一遍。不同的是，这次学生睁开眼睛并且可以提出问题。

（6）展示自己撕的纸，交流活动经验。

讨论：第一轮游戏，大家接受的指令是一样的，为什么会有这么多不同的结果？

完成第二轮游戏结果又是怎样的？

通过这个游戏，你有什么样的感悟？

💬 **教师总结：**

沟通就是信息发送与接收的行为，是发送者凭借一定的渠道，将信息传递给接收者，并寻求反馈以达到相互理解的过程。在我们平时沟通的过程中，经常采用单向的沟通方式，结果仁者见仁、智者见智，个人按照自己的理解去进行，通常会出现很大的差异。但使用了双向沟通之后呢，差异依然会存在，沟通的最佳方式是依据不同的情况而定。许多问题都是由于沟通不当或缺少沟通而导致误传或误解，从而影响人际关系。

在学校，也有因为沟通方式不当，而导致误解，影响师生之间、同学之间关系的情况。通过这个游戏我们要体会到沟通的重要性，同学之间、师生之间遇到事情要多沟通。

活动三：传递情报

✿ **活动道具：** 情报卡片。

◎ **活动场地：** 空旷教室。

⊙ **活动时间：** 30 分钟。

📋 **活动过程：**

（1）将同学分为 8 人一组的小组，坐在板凳上纵向排列，所有小组同时进行。

（2）讲解活动规则：活动开始后，最后面一位同学会得到一份情报，这个情报需要从最后面一位同学一个一个地传递到最前面的同学，并将情报交给老师，看看哪组传递得准确并且快速。

（3）在传递过程中，所有学员不能回头；后面同学身体的任何部位不允许越过前面同学的肩膀横截面；不可以传递纸条，不可以发出声音，不可以借助任何通信工具。

（4）第一轮：给同学 5 分钟时间讨论传递方法，讨论完后开始第一轮传递，传递的情报是两位数字，数字尽量大一点，例如：69、78 等。

（5）第一轮活动结束后，提出问题：为什么传递的情报是错误的？有没有什么好的方法能提高情报的准确性？告诉同学第二轮活动将提高难度。给同学们 3 分钟讨论，开始第二轮传递。传递的情报是"五分之三"。

（6）活动结束后同学讨论：

最初用的方法是谁想到的？之后有哪些改进？

游戏过程中采用了几种沟通方式？有没有效果？

教师总结：

在信息的传递和交流过程中，信息源、信息、通道、信息接收者、反馈、障碍与背景是其七大要素。沟通发起者的信息不充分或不明确，选择不正确的沟通对象，沟通的目的不明确，信息没有正确被"转译"，不适宜的通道选择，接受者的误解以及信息自然的增强或衰减等等都可能造成障碍。因此，我们要想有效的沟通，必须明确沟通的目的，掌握好沟通的时间，明确沟通的对象，掌握沟通的方法。

课堂小结：

今天我们就"人与人需沟通"这个话题一起做了体验，懂得了沟通是生活中不可或缺的阳光雨露。也许你的成功就在于沟通，又或许是因为你不善沟通才会离成功尚有一步之遥，那么，你一定要学会沟通，只有这样你的成功之路才会平坦，才会赢得更多的鲜花和掌声。祝愿同学们都能做一个心灵和谐，善于沟通的人，一个内心充满阳光和智慧的大写的人！

拓展作业

1. 观看电影《撞车》《重庆谈判》，体会沟通的重要性，思考有效沟通和错误沟通所带来的后果。

2. 利用周末的时间，使用自己学习的软件制作一幅关于"沟通"的漫画并上交，利用班会时间进行分享。

第十四节　善沟通　大智慧

设计理念

在人们的生活中，每时每刻都离不开沟通。但是，沟通本身也不是非常容易的事。要向他人表达一个意思，始终说不清楚；要为他人办一件好事，但有可能弄巧成拙；本来想与他人解除原有的隔阂，但可能弄得更僵。所以说，现实的实践活动需要有一定的沟通能力和技巧。

设计目标

通过体验参与，让学生明确正确沟通的重要性，学会沟通，演绎出自己的华彩乐章。

活动一：话说沟通

⊙**活动时间**：20 分钟。

1．案例分享：善沟通的董卿（5 分钟）

董卿，1973 年 11 月 17 日出生于上海。中国中央电视台节目主持人。2005 年，颇具黑马气质的董卿首次亮相央视春晚，随即被观众所熟知。此后，连续十三年主持央视春节联欢晚会。连续八年被评为央视年度"央视十佳主持人"。连续七年排在央视挂历女主持人中前三名。2017 年 11 月，入选 2017 年国家百千万人才工程，同时被授予"有突出贡献中青年专家"荣誉称号。同年 12 月，获"2017 中国综艺峰会匠心盛典"年度匠心制片人奖。

沟通的第一要领是多聆听，而不是自己一直滔滔不绝地说。

作为一名主持人，董卿做到了，以《朗读者》这个节目为例，对每一位嘉宾，董卿做得最多的是聆听，每次与嘉宾聊天时，董卿总会习惯将身子前倾，因为这是倾听的姿态，但是为了让她的脸更好看些，灯光师会举起写着"坐回去"的大纸板，但董卿是不顾的，她说："脸好不好看没那么重要。"当嘉宾许渊冲老先生来时，董卿更是很自然地选择了蹲跪着与老先生对话。

好的沟通能力有两个因素，一是思维是否清晰，能否有效地收集信息，并做出逻辑的分析和判断。那就是如上所述的"倾听能力"。另一个则是能否贴切地表达出（无论是口头还是书面）自己的思维过程和结果。掌握语言技巧，也是拿到好效果不可或缺的重要因素。

2．**案例分享：善沟通的周总理（7分钟）**

周恩来总理是中国历史上最出色的外交家，他提出的和平共处五项原则至今仍在全球外交格局发挥着重大影响。

在新中国外交史上，周总理以自己的忠诚、热忱、睿智、冷静、风趣、幽默，游刃有余地应对着形形色色的人物，或明或暗的挑战，留下了很多至今仍为人们津津乐道的佳话。

曾经有外国记者不怀好意问周恩来总理："在你们中国，明明是人走的路为什么却要叫'马路'呢？"周总理不假思索地答道："我们走的是马克思主义道路，简称马路。"

——这位记者的用意是把中国人比作牛马，和牲口走一样的路。如果你真的从"马路"这种叫法的来源去回答他，即使正确也是没有什么意义的。周总理把"马路"的"马"解释成马克思主义，恐怕是这位记者始料不及的。

美国代表团访华时，曾有一名官员当着周总理的面说："中国人很喜欢低着头走路，而我们美国人却总是抬着头走路。"此语一出，话惊四座。周总理不慌不忙，面带微笑地说："这并不奇怪。因为我们中国人喜欢走上坡路，而你们美国人喜欢走下坡路。"

一位美国记者在采访周总理的过程中，无意中看到总理桌子上有一支美国产的派克钢笔。那记者便以带有几分讥讽的口吻问道："请问总理阁下，你们堂堂的中国人，为什么还要用我们美国产的钢笔呢？"周总理听后，风趣地说："谈起这支钢笔，说来话长，这是一位朝鲜朋友的抗美战利品，作为礼物赠送给我的。我无功受禄，就拒收。朝鲜朋友说，留下做个纪念吧。我觉得有意义，就留下了这支贵国的钢笔。"美国记者一听，顿时哑口无言。

周总理具有超凡的气度、才华和人格魅力，无论是朋友，还是对手，都为他超强的沟通和交往能力所折服。

3．**案例分享：善沟通的中国外交天团（8分钟）**

外交部发言人的主要职责是以外交部的身份对外发言，负责向中外记者宣传情况，并回答他们所提出的问题。在外交部工作，除了要掌握说话的艺术，还要有快速的随机应变能力，要说得恰当，说得得体。这个"外交天团"就是把这门艺术运用到了极致的一群人。

观看视频《中国外交天团》，感受外交部发言人的风采。

中国外交天团做到以理服人、随机应变、语言幽默，展现了高超的沟通艺术。

教师总结：

沟通有技巧，要善于倾听，控制情绪，重视反馈，简化运用语言，合理使用肢体语言等，只有这样，我们才能做到沟通富有成效。

活动二：秘密图纸

✳ **活动道具：** 图板、白纸。

🌐 **活动场地：** 空旷教室。

🕐 **活动时间：** 25 分钟。

📋 **活动过程：**

（1）将同学分为 6 人一组，每组 2 名侦察兵、2 名通信兵、2 名工程兵。

（2）划定 10 米的直线区域，将区域划分为三段，每个兵种不可以跨过活动区域，侦察兵在图板区域活动，通信兵在中间区域传达，工程兵在绘图区域固定不动。

（3）将图板放在椅子后面，只有侦察兵可以查看，然后将看到的内容传达给通信兵，通信兵传达给工程兵，工程兵按照接收到的信息开始制作"武器"，期间侦察兵只可以和通信兵交流，通信兵可以和侦察兵、工程兵交流，工程兵不得与侦察兵直接交流。

（4）每组计时 5 分钟，最后将工程兵绘制的图纸与原图纸对比，看哪一组与原图最接近。

（5）第一轮完成后，小组中队员变换角色，继续进行活动。

（6）同学分享：谈谈处在不同角色的感受。

你们的沟通使用了哪几种方式？有没有效？

当你变换角色的时候是否意识到刚才别人的难处？

提问、表达、倾听，你们做得怎么样？

👐 **教师总结：**

良好的沟通要培养提问力、表达力、倾听力，切忌以自我中心，要学会换位思考。观察下图，并说说你对图形的理解。

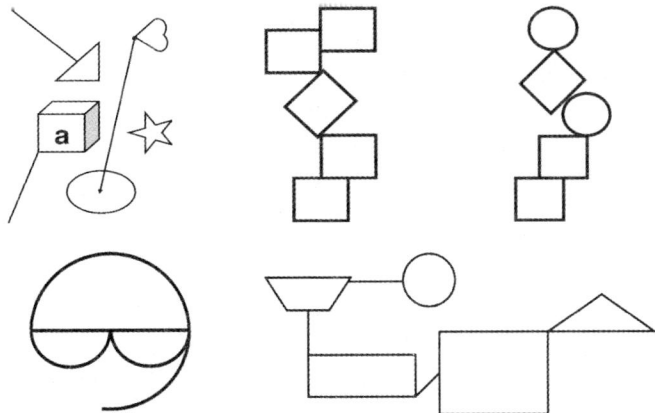

活动三：三分钟测试

✖ **活动道具**：测试题、笔。

🌀 **活动场地**：空旷教室。

🕐 **活动时间**：15分钟。

📋 **活动过程**：

（1）每人分发一张试题，发题过程中字面朝下，开始前不得看题。

（2）试题发完后宣布考试时间三分钟，说"先通读一遍题目再答题，答题时间只有3分钟，看谁答的完，现在开始"，此时老师开始制造紧张气氛。比如，"时间很紧张，同学们抓紧时间答""已经过去一分钟了""时间已经过半""时间还剩1分钟"，增加学生紧张感。同时要求答完的同学不准发出声音，安静等待其他同学。

（3）"三分钟时间到，现在停笔"，询问多少同学完成了试卷。

（4）讨论分享：为什么有些人能在三分钟内完成试卷？我在考试之前说过一句什么话？

📖 **教师总结**：

倾听的重要性，沟通：人们不会按聆听时得到的信息做，而总是按自己的主意做。

拓展作业

1. 读《向周恩来学沟通艺术》，感受周总理沟通的艺术。
2. 搜集关于"沟通"的名言警句，充实到个人成长档案。

附：三分钟测试题

1. 做题之前先通读全部资料。
2. 将你的名字写在本页的右上角。
3. 我们班的班长是：
4. 我们班班主任的名字是：
5. 我所学的专业是：
6. 大声喊出你的名字。
7. 如果你喜欢这个测试请写"喜欢"，如果不喜欢就写"不喜欢"。
8. 在第一个问题后面写上"是"。
9. 把第五个句子圈起来。
10. 大声喊出你们班长的名字。在本页空白处写上数字98。

11．用正常讲话的声音从 10 数到 1。

12．在试卷背面算一下 6950+9805 等于多少。

13．在这张纸的顶端，用笔戳 3 个洞。

14．写出一个你最爱吃的菜名：

15．写出你最爱听的歌名：

16．我国的国庆节是：

17．中国共产党的生日是：

18．我国的国歌是：

19．大声说："我差不多做完了。"

20．既然你已经按第一句的要求，认真读完了全篇内容，然后只需要做好第二题就算完成了任务。

第十五节 去网瘾 保安全

设计理念

在如今几乎人人都接触计算机网络的时代，我们应当对网络有一个清醒认识，才能有效地使用网络，让网络为我们服务而不是我们成为网络的奴隶。

设计目标

网络是把双刃剑。我们在享受现代文明网络时代带来快乐的同时，也应牢固树立底线意识，正确利用网络，为健康成长保驾护航。

活动一：话说网络

◎ **活动时间**：20 分钟。

1．案例分享：热爱网络的不同人生（6 分钟）

从已与我们生活密不可分的网络谈起，结合学生身边的特殊案例，引导学生反思自己。

网络的应用深入到了学生学习生活的方方面面，学生对网络的依赖已经达到相当高的程度。我们要正确理解和把握网络与健康成长的关系，追求科学、健康、充实的生活。下面我们来看一组案例：

（1）四川省什邡市唐某是一名中学生，首次接触计算机网络游戏后便沉迷于中，不可自拔，练成当地有名的网络游戏高手。但在后来一次游戏中被对手杀死 23 次，他恼羞成怒，分不清虚拟世界和现实世界，最终在现实世界里将对手杀死。

（2）烟信 2010 级学生小郑初中毕业后因为非常喜欢计算机网络应用，选择了电脑艺术设计专业。在校期间，勤学苦练专业技能，设计的动画作品《食殇》获全国中职生文明风采大赛一等奖，毕业后在电视台担任编导，年薪 60 万元。

教师引导学生思考：请大家看看这组案例中的主人公，他们共同点是什么？区别在哪里？我们应该如何选择？

学生各抒己见。

⬧教师总结：

从上面两个案例来看，他们的共同点是喜欢计算机，喜欢网络，都练成"高手"。区别在哪里？区别在于他们的这种兴趣爱好最后在哪里生根发芽。唐某一味地沉迷于网络游戏，任由网络游戏牵着鼻子走，以至于走火入魔，分不清网络虚拟世界和现实生活世界，最终走上了违法犯罪的道路。小郑则是比较明智的，因热爱而选择，因选择而努力，因努力而成就事业，让对计算机对网络的热爱为自己的人生服务。那么，我们在座的各位同学应该怎么选择呢？我相信大家的心里都跟明镜似的。是的，我们都希望像小郑一样，能选择自己热爱的，并有所作为。

2．案例分享：始于热爱——马云与十八罗汉（7分钟）

马云是我们都非常熟悉的互联网界大佬，那么他又是怎么成为互联网界的领军人物的呢？1995年，马云去西雅图看望朋友，第一次接触了互联网。当时他就想应该利用互联网帮助中国的公司为世界所熟悉。在创业初期，1999年，在一个叫湖畔花园的小区，18个热爱互联网的人走到了一起。聚会中，马云将自己的钱掏出来，说："启动资金必须是闲钱，不许向家人朋友借，因为失败的可能性极大。"然后接着又说："现在，你们每个人留一点吃饭的钱，将剩下的钱全部拿出来。"18位"创业罗汉"在"不向亲戚朋友借钱"的前提下，义无反顾倾尽全力筹了50万元本钱。就是靠这18个人拼凑起来的"闲钱"，成为马云创办阿里巴巴的最初本金。如今，阿里巴巴一直以来在互联网商务领域富有创意的概念和作品，丰富了中国甚至全球的商业内容和行为，并在20世纪末为全球商人贡献了一款经典站点：阿里巴巴Alibaba.com。这就是马云和十八罗汉的故事。

教师引导学生思考：看完这个案例，你得到了什么启发？

学生各抒己见。

⬧教师总结：

同学们，在现代社会里，网络已成为我们生活中不可或缺的一部分，马云与十八罗汉在借助网络成就自己精彩人生的同时，也为社会做出巨大的贡献。我们要学习马云与十八罗汉的那种拼劲和韧性。成就事业与人生仅靠热爱是远远不够的，我们要想想，我们为了我们的热爱做了什么，付出了什么？随着全球信息化进程的加快，青少年上网是必然的趋势。可以说，我们的生活离不开网络。既然我们这么多同学喜欢计算机，喜欢网络运用，我们是不是可以像马云一样和自己志同道合的小伙伴一起在网络的世界里有所建树呢？

3．案例分享：中国计算机领域的旗帜——北大方正集团（7分钟）

同学们，在我们职教语文教材第三册有这样一篇文章《我一生中的八个重要抉择》，它的作者就是我国著名计算机科学家、两院院士、国家最高科学技术奖获得者——王选，请让我们再一起重温课文的精彩片段，王选做出八个重要抉择的基础是什么？被称为方正卫士的他如何领跑北大方正集团？北大方正集团取得成功的原因是什么？

学生阅读课文思考归纳，分享意见。

教师总结：

王选每做出一个抉择总是把个人的研究方向与国家的命运联系在一起，他所带领的团队攻破了一个又一个计算机方面的难关，为国家做出了巨大贡献，正如北大校长郝平所说，王选领跑的北大方正集团彰显了百折不挠的奉献精神、永不止步的创新精神、细致踏实的工匠精神、决战市场的开拓精神、协作攻关的团队精神、甘为人梯的大师精神、淡泊名利的大家精神、挑战生命的超凡精神等。作为新时期的青年，我们要想有所作为，就要学习他们这种精神：经得起压力和寂寞，不怕困难和挫折，保持内心笃定，对未来充满信心。

活动二：携手共战呼啦圈

活动道具：呼啦圈。

活动场地：空旷教室或户外。

活动时间：20分钟。

活动过程：

（1）教师导入：同学们，在上一个游戏当中，我们知道了平时在使用网络当中要避开的雷区，不要浏览非法网站、沉溺于网络游戏等，要健康使用网络。同学们，在网络世界我行我素是不行，它更需要我们大家每个人来遵守网络制度，才能维护网络的安全及健康发展。下面我们来做一个游戏——携手共战呼啦圈。

（2）规定规则：

把同学们平均分成若干个由10～12个人组成的小组。每个小组需要确定一名计时员。让每个小组都手拉手围成一圈。计时员把两个呼啦圈套在其中一个队员的胳膊上。然后沿相反方向传递两个呼啦圈。为了把呼啦圈传过去，每个队员都需要从呼啦圈中钻过去。当两个呼啦圈相遇时，两个呼啦圈都沿着穿越人数多的那个呼啦圈前进的方向前进，直至回到起点。在每轮游戏开始前，给每个小组一分钟准备时间。每个小组在开始新一轮游戏之前，事先确定出本轮游戏的目标时间。

注意安全：如果有人身体的柔韧性较差，不适合参加这个游戏，那么可以让这些人来计时，或是充当安全员。如果你在游戏中使用了安全员，要让安全员尽量跟着呼啦圈移动，这样当钻圈的人不小心被绊倒的话。他们可以及时保护和搀扶。

（3）第一轮游戏结束后，祝贺大家成功完成任务，并通报各小组完成任务所用的时间。重新开始一轮游戏，并告诉队员们这次要求大家能更快一些。反复进行3次呼啦圈传递，确保同学们知道他们需要一次比一次快。

（4）活动后交流：你们在游戏过程中碰到了什么问题？你们是怎么解决这个问题的？有没有出现你们认为不可能完成的任务，最后大家一起完成了？

教师分享：

同学们在刚才的游戏过程中都很尽兴，大家在传递呼啦圈时，都遵守规则，相互扶持，齐心协力，我们都取得了胜利。呼啦圈内就像是网络世界，它要求每个人都要守法守规矩才能维护网络世界的健康与安全，网络才能真正为我所用，造福我们。这个过程中，需要我们每一个人不遗余力地参与，需要每个人尽力地配合，需要我们大家都遵守共同的规则，需要大家相互间的提醒、建议和督促。

课堂小结：

今天我们就"去网瘾，保安全"这个话题一起做了体验，希望大家能将今天领悟到的落实到日常行动中，学习小郑同学、马云和十八罗汉、王选和方正集团等榜样，不忘初心，坚守自己的热爱，并不遗余力地付出，才能成就自己的精彩人生，为祖国美好的明天贡献自己的力量。同学们，我们正处在祖国繁荣昌盛的大好时机，让我们抓住机遇，不负韶华，跑出新时代的中国风采。

活动三：网络陷阱

活动道具： 雷阵地图、地雷分布图。

活动场地： 空旷教室或户外。

活动时间： 20分钟。

活动过程：

（1）教师导入：同学们，网络是一把双刃剑，我们在享受它的便捷与高效的同时，也要充分认识它的负面影响，接下来，我们要进行一个过雷阵的活动，看看有哪些"雷区"是不能碰触的。

将雷区地图铺在地面上，同学分为两组，在入口处站好，1组可以选择1、2、3号入口进入，2组可以选择4、5、6号入口进入雷区。

（2）活动规则：

①每次只能由一名同学进入雷区，只有相邻的前后左右雷区可以移动一步（一格），所有同学必须排成一字长队按照顺序逐个穿越。

②每走一步，老师会告诉你这个区域内有没有地雷，当踏到地雷，老师会叫停，告诉你踩到了什么地雷，踏雷者应按照原路退出雷阵，并换下一名同学继续前进；

③每一名进入者必须从起点沿原路线开始行进，到达上一名同学位置后继续前进。

④同学在项目实施过程中不允许用任何声音进行交流，禁止在道具上做任何标记；

⑤看哪个小组走出雷区用时最短。

（3）同学分享：踩到了哪些地雷？你对踩到的地雷有什么看法？

还有哪些是我们雷区里没有的网络"地雷"？

教师总结:

刚才大家踩到的地雷都有哪些: 网络病毒、网络诈骗、非法网站、网络暴力、沉溺网络游戏、传播谣言、发布虚假信息、暴露他人隐私、网络赌博、网恋、电子盗窃等等。网络成瘾会使我们兴趣产生偏离,对网络依依不舍,排斥其他事物,对我们的身心健康带来严重危害,我们要记住这些禁区,学会自控,让自己能够健康成长。

雷阵地图

出口

41	42	43	44	45	46
35	36	37	38	39	40
29	30	31	32	33	34
沉溺网络		27	28	网络犯罪	
		25	26		
19	20	21	22	23	24
13	14	15	16	17	18
7	8	9	10	11	12
1	2	3	4	5	6

入口

地雷分布图

出口

41	42	43. 网购非法物品	44. 泄露机密	45	46
35	36	37	38	39	40
29	30. 网络赌博	31	32. 色情网站	33	34

续表

		27	28	网络犯罪	
沉溺网络		25. 电子盗窃	26		
19	20	21	22	23. 发布虚假信息	24
13	14. 暴露他人隐私	15. 网恋	16	17	18
7	8	9. 沉溺网络游戏	10. 网络暴力	11. 散播谣言	12
网络病毒	2	网络诈骗	4	非法网站	6

入口

拓展作业

1. 围绕"如何正确使用网络"这个话题,各小组编排一小段适合快板演出的三字经,并排练出来。90秒左右即可。(没有快板可用鼓掌或击掌的方式进行)

2. 观看视频《阿里巴巴成长史》,写一段观后感,感悟体会写到个人成长档案里。

第十六节 好心态 抗挫折

设计理念

了解抗挫折的内涵，促进学生自我意识的觉醒，增强抗挫折的能力，树立正确的人生观和世界观，帮助学生健康成长，培养学生独立思考分析和解决问题的能力。

设计目标

帮助学生学会正确面对人生中的艰难困苦和挫折，勇于挑战困难，从而形成能够经受考验的健康心理。通过活动，体会感受挫折，掌握战胜困难和挫折的方法，迈向成功。

活动一：话说挫折与心态

活动时间： 20分钟。

1. 经典分享：生于忧患、死于安乐（5分钟）

朗读：《孟子·告天下》"生于忧患、死于安乐"。

孟子曰：故天将降大任于斯人也，必先苦其心志，劳其筋骨，饿其体肤，空乏其身，行拂乱其所为，所以动心忍性，增益其所不能。

上天将要把重大使命降临到一个人，必定要先使他的意志受到磨炼，使他的筋骨受到劳累，使他的身体忍饥挨饿，使他备受穷困之苦，做事总是不能顺利。这样来动摇他的心志，坚韧他的性情，增长他的才能，让他可以去完成自己从前不能完成的事。

挫折，是指人们在有目的的活动中，遇到阻碍人们达成目的的障碍。心理学上指个体有目的的行为受到阻碍而产生的必然的情绪反应，会给人带来实质性伤害，表现为失望、痛苦、沮丧不安等。挫折易使人消极妥协。

倾心交流：你遭受过哪个方面的挫折？

遭遇挫折以后有什么样的感受？

你是怎样战胜挫折的？

学生分享自己的经历。

🖋 **教师分享：**

我们每个人都在不断成长不断进步，在成长的过程中会经历各种不同的挫折，只要我们不怕困难，不断努力，将"生于忧患、死于安乐"铭记于心，用心找到战胜困难的各种方法，终将收获成功。

2．案例分析：不屈不挠的邓小平（8分钟）

多媒体显示画面：一代伟人邓小平为中国革命做出的伟大贡献。

🖋 **教师分享：**

我们用一句话概括邓小平一生的经历——三落三起。

第一次"落起"是在30年代初期中央苏区时，由于以博古为代表的中央临时政府推行"左"倾冒险主义，邓小平等人则坚决支持以毛泽东为代表的正确路线，反对他们的"城市中心论"。为此，邓小平遭批斗，并一度被关进监狱，他的职务也被撤销，并受到党内最严重警告处分。这一年邓小平只有29岁。

邓小平第二次"落起"，是全家被下放到江西新建县拖拉机修造厂劳动改造。这是邓小平一生中感到最痛苦的时期。

第三次"落起"是在1976年至1977年。"批邓、反击右倾翻案风"运动将邓小平再次打倒。直到1977年7月党的十届三中全会前夕才获得第三次解放。

邓小平并没有被这三次严重的挫折击垮，每一次都奇迹般地复出，而且走向了更大的成功。到底是什么原因呢？我们可以从他的这段话中找到答案（见屏幕），齐读（多媒体显示）：我是中国人民的儿子，我深情地爱着我的祖国和人民。

这段话表现了邓小平内心一种什么样的感情？

🌳 **课堂小结：**

正是有这种对国家、对人民无比热爱的感情，为人民无私奉献的信念，邓小平才能在多次挫折中磨砺自己，岿然屹立，战胜挫折，走向成功。人生如旅，充满挑战。信仰如灯，指引航程。坚守信仰，必能披荆斩棘，必能克服艰难险阻。这，就是信仰的能量。

3．案例分享：湘江战役——百折不挠的中国红军（7分钟）

这是土地革命战争时期，中央红军长征途中，在广西北部湘江地区突破国民党军第4道封锁线的战役。

湘江战役是关系中央红军生死存亡的一战。1934年11月27日至12月1日，中央红军在湘江上游广西境内的兴安县、全州县、灌阳县，与国民党军苦战五昼夜，最终从全州、兴安之间强渡湘江，突破了国民党军的第四道封锁线，粉碎了蒋介石围歼中央红军于湘江以东的企图。但是，中央红军也为此付出了极为惨重的代价。部队指战员和中央机关人员由长征出发时的8万多人锐减至3万余人。这使得广大干部和战士对王明军事路线的怀疑和不满到达了极点，中央领导集体中的很多人开始反思第五次反围剿以来的路线方针和战略战术的失误，他们坚决主张恢复毛泽东同志的领导地位，这就直接导致了党中央在遵义召开中共中央政治局扩大会议,史称"遵义会议"。它是在红军四处碰壁身处绝境时召开的,从此中国革命一个杰出人物正式登上历史舞台,标志着中国革命翻开崭新的一页。

面对长征以来,特别是湘江战役的困难与挫折,中国共产党人和中央红军的将士,没有被困难吓倒,没有丧失自己的革命信念,他们及时总结教训,调整心态,改变策略,终于在经历了四渡赤水、强渡金沙江、勇夺泸定桥等战役后,越过雪山、草地,最终实现了与其他主力红军的会师,取得了长征的最后胜利,迎来了中国革命的新天地。

教师总结:

巴尔扎克曾说:"挫折对于天才是一块垫脚石,对于能干的人是一笔财富,对于弱者是一个万丈深渊!"希望同学们都能做生活中的强者,面对挫折,坚韧不拔,知难而进,以自信为勇,以自主为舵,借磨难激发自己的潜能,为自己赢得精彩的人生。

活动二:成长三部曲

活动场地: 空旷教室。

活动时间: 15分钟。

活动过程:

(1)教师引导:接下来要进行的一个游戏叫作"成长三部曲"用肢体语言代表小鸡成长的三个阶段,分别是"蛋——刚出壳的小鸡——单腿鸡——鸡"(蹲着是鸡蛋、半蹲并双手搭成塔尖状的是小鸡,单腿直立的是半成年鸡或叫单腿鸡,双腿直立的是成年鸡。为了使大家产生更直观的认识,可以请出四名同学示范)。

(2)所有同学抱膝蹲下围成一圈,做"蛋"状,用剪子包袱锤两两对决,胜利的成长一级,失败的后退一级(如小鸡赢了就长成了半成年鸡,输了就退回到鸡蛋;鸡蛋输了还是鸡蛋)。长成成年鸡后退到边上观看别人的成长。在成长的过程中,每个人根据其他人肢体语言表现的成长状态,寻找和自己同一阶段的进行剪子包袱锤两两对决,胜利的成长,失败的后退。

(3)等场上变成"鸡"的同学达到一定比例之后喊停,请一直在蛋的状态和变成单腿鸡以后又打回蛋的,以及最终变成鸡的三类同学代表谈谈体会。

教师总结:

在刚才的活动中,大家表现得都非常棒。有的同学乘胜追击迅速成长为成年鸡;有的同学一次次地被变回鸡蛋但仍不灰心最后成长为成年鸡;还有的同学奋斗到最后一秒钟仍在战斗……老师为同学们坚韧不拔的精神所感动。其实,人生就像游戏,只要我们不放弃,努力找到解决问题的方法,就有可能到达胜利的彼岸。

活动三："筷"运乒乓

✖ **活动道具：**乒乓球、筷子。

◎ **活动场地：**空旷教室。

◎ **活动时间：**25分钟。

◎ **活动过程：**

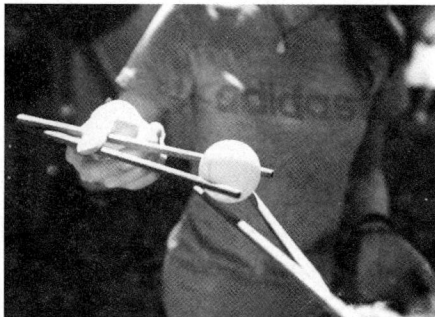

（1）比赛规则：把学生分成四个小组，前两个小组先进行比赛。规定赛场的起点和终点间隔5米，比赛开始后第一个同学夹乒乓球到终点后迅速运回起点，交到第二个同学手持的筷子上，以此类推，完成比赛用时最短的小组为胜者。期间，乒乓球落地后回到起点接着比赛。

（2）获胜小组和获得最后一名的小组分享经验和教训。

👤 **教师分享：**

通过刚才的游戏我们知道，人生时时处处都充满挫折。所以我们要不畏惧挫折，努力思考找到解决问题的方法。在遭遇挫折的时候，我们可以试着用以下方法来面对挫折：

第一，控制。风浪来临时，你能否有效控制住事情，不让其失控。

第二，归因。你能否直面挫折，找出失败之因，承担后果。

第三，延伸。你能否有效控制住自己的情绪，不让某件事情的恶果延伸到生活的方方面面。

第四，耐力。有的时候，风浪会持续很长一段时间，你能否坚持下去。

🎏 **课堂小结：**

今天，我们就"好心态，抗挫折"这个话题一起做了体验，希望大家以积极健康的心态去面对困难和挫折，这样就可以做到"不在失败中倒下，而在挫折中奋起"。没有登不上的山峰，也没有趟不过去的河流。最后一起合唱《阳光总在风雨后》，让我们一起勇敢地去迎接人生的风雨吧。

拓展作业

1. 观看电影《上甘岭》，感受共产党人不畏惧艰难困苦、不怕牺牲的大无畏精神。

2. 搜集正能量励志名言名句，感悟体会写到成长档案里。

第三学期

以美育人　以文化人

第十七节　真善美　立体人

设计理念

青少年是祖国的未来，在青少年中培养社会主义核心价值观，树立价值判断力和民族责任感，培养求真、向善、尚美的道德情操，是教育者当仁不让的责任。

设计目标

教学生认识真，判断善，感受和领悟美，在此基础上培养美的情操、美的修养，让学生感知、领会美，争做求真、向善、尚美的青年人。

活动一：话说真善美

◎活动时间：20分钟。

1．经典分享（4分钟）

"先天下之忧而忧，后天下之乐而乐。"

"凡人善举，小善大爱。"

古往今来，人类对真善美的追求从未停止，歌颂真善美的美文美句更是比比皆是。如"先天下之忧而忧，后天下之乐而乐""为中华崛起而读书"是一种"以天下为己任"高尚之美；"君子莫大乎与人为善""凡人善举，小善大爱"是一种人与人之间真诚、友善朴实之美。

老师要和大家交流的问题是：

你知道还有哪些歌颂真善美的名句，请与大家分享。

哪位同学用几个关键字来概括真善美呢？

小结：

一切美好的词语也难以概括真善美，它汇集人类美德于一体，它熠熠生辉却又朴实无华。接下来老师想和大家分享一个人和一个群体的故事。

2．案例分享：十里桃花，如你所愿（8分钟）

联系事件导入：《三生三世十里桃花》是个非常唯美的虚构故事，今天我和大家分享的《三生三世十里桃花》是真人真事。一个战场归来的老兵，一个沂蒙山区的共产党员，更是首位全国时代楷模,第五届全国道德模范,他就是"特等伤残军人"朱彦夫。60多年来,他带领村里三代人脱贫致富,把一座穷乡僻壤的山村,装点得如世外桃源……

"桃之夭夭,灼灼其华,"一起走近美景,了解那动人的《十里桃花如你所愿》故事。

请同学们认真观看视频《十里桃花如你所愿》,分享让你感动的瞬间。

学生分享。

教师分享:

朱彦夫是一个退伍老兵,为国家他十次负伤,失去了四肢和左眼,右眼视力只有0.3。1957年他主动放弃休养所的特护待遇,回乡担任村支书,带领乡亲治理荒山,兴修水利,发展教育。他不忘初心、去伪存真,不畏艰难、无私奉献,真正是"捧一颗心来,不带半根草去"的父母官。他是生命的强者,奉献的楷模,用行动的笔墨书写着真善美。如果说一个乡村干部能把贫瘠的土地变为世外桃源,是真善美的体现,那么在洪水猛兽面前,能挺身而出,用自己的身躯铸造成坚不可摧的生命之墙,他们就是真善美的化身!他们是谁呢?

3.案例分享:洪峰浪尖党旗红(8分钟)

教师导入:滂沱大雨让涟源四处告急,损失惨重。面对洪灾,全市上下在市委市政府的坚强领导下,共同奔赴灾情最严重、救援最困难、群众最需要的地方,上演了一场惊心动魄的"飓风营救"。

播放《洪峰浪尖党旗红》视频。

教师:同学们,看完视频大家用几个关键词说说自己的感受。

小结:

在灾难面前,在人民群众需要的时候,是共产党员,是人民战士,是有责任感道德感的人民群众,他们齐心协力,同舟共济,用赤诚之心,用爱的力量,打通"生命通道",在历史上书写出浓墨重彩的一笔,谱写出感人肺腑的真善美的赞歌。

教师分享:

同学们,真善美是中华民族的传统美德,更是人类永恒的信仰与追求。朱彦夫和抗洪救灾的每个战士,他们的品格闪耀着人性的光辉,他们用自己的行动践行着社会主义核心价值观,他们是真善美的化身。在我们身边也有很多像他们一样的人,在平凡的岗位上,做着不平凡的事,他们的善行义举感动着我们。

真善美不是口号、不是幻想,它真实的存在,并且深深根植在每个中国人的血脉。它可以是救死扶伤、扶贫济困,也可以是诚实守信、尊老爱幼的美好品德。对老师一句礼貌的问候,把被子叠整齐,每天把作业写认真,在PS课上把图修到完美,把每件你应该做好的事情做到最好就是真善美。真善美就在我们身边,让我们种下"真"的种子,开出"善"的花朵,结出"美"的果实。如果人人行美的事,做美的人,扛起真善美的旗帜,弘扬真善美的道德理念,以行动为笔,点点滴滴书写真善美,那我们校园将美不胜收,祖国未来可期!

活动二：体验莱州传统工艺——毛笔制作

✖ **活动道具：**毛笔半成品材料。

◎ **活动场地：**空旷教室。

◷ **活动时间：**20分钟。

▣ **活动过程：**

（1）教师导入：山东莱州毛笔是莱州古老的地方传统工艺品，曾是当地的四大贡品之一，有600多年的历史，莱州毛笔开峰尖细，书写流利，柔而不软，刚而含蓄，经久耐磨，具有"健、齐、圆、尖"四德兼备的特定品质。1982年，在全国第二次毛笔质量评比中，莱州毛笔一举夺冠，被誉为"状元笔"。2006年，"莱州毛笔制作工艺"被烟台市政府录入首批非物质文化遗产名录。2011年2月21日，"莱州毛笔"被国家工商总局商标局正式注册为地理标志证明商标，成为莱州市第五件地理标志证明商标。

（2）讲解毛笔的制作流程：选料、水盆、结头、选管、装套、镶嵌、择笔等。（此过程可以看相关视频）

（3）同学们开始利用毛笔半成品制作毛笔，绑笔尾、粘笔头、笔头收尖。

🖐 **教师总结：**

弘扬传统文化、制作乐在其中、提高动手能力。

▲

将成团的羊毛抓散

1- 抓毛

倒置桌面使毛根齐头，成束泡水清洗，最后在石灰水中浸泡一夜除脂

2- 加水梳理并除脂

以牛骨梳来梳理毛蒂，去除杂物，并梳去绒毛、废毛

3- 梳毛

取齐板将一簇毛料端沾上粉末，使其湿润不滑。用右手握住绒毛部位，左手把毛捏住，慢慢抽出毛料，使毛峰齐于板之边缘直线之上

4- 齐毛

用齐板将毛尖一侧对齐，再按比例裁成不一的长度，使毛峰及毛根两头皆齐

5- 压毛

将长短不一的毛混合在一起

6- 混毛

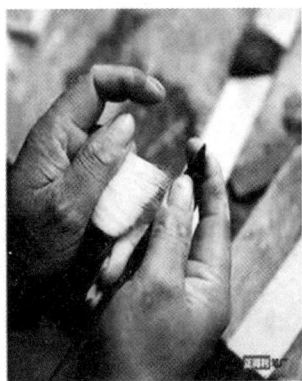

挟剔梳理好的毛片中的杂毛、粗毛、断锋之毛

7- 清锋

加入硬挺度较好的毛，用小薄刀清理没有锋和变形的毛料

8- 加健并梳衬

挑好的毛片薄薄地平挑出一支毛笔的需要量，放在平板上均匀压平，再夹起来平铺于手指上，用拇指慢慢卷制成笔柱，然后弹垫于平板上使笔根整齐，而且笔柱更加圆密饱满

9- 圆笔

▲
用小薄刀挑起披毫，旋转
一周使披毫将毛裹住

10- 附毛

▲
将平整好的笔垂直放在平铺好灰
的灰盆表面，吸干笔头多余的水分

11- 秸秆灰吸水

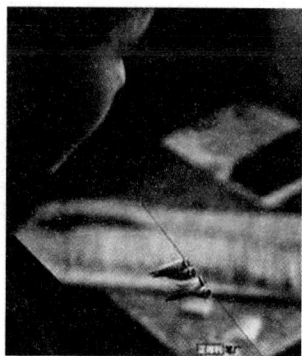

▲
笔头干透后，接线头放于口中咬住，
用活口绑笔根并用打板调制笔根平整

12- 绑线扣笔头

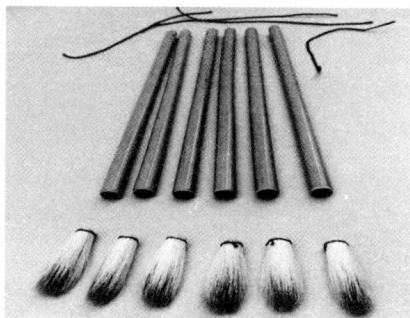

活动三：神笔马良

☀ **活动道具**：神笔马良道具 1 套。

🌐 **活动场地**：空旷教室。

🕐 **活动时间**：20 分钟。

📋 **活动过程**：

（1）分组：将同学分为 8 ～ 16 人一组（根据班级人数确定）。

（2）可用水在水写布上练习。

（3）讲解规则：

①有同学拉毛笔绳子的末端，不得接触毛笔；

②通过控制绳子的方式用毛笔在纸上写字；

③每个人的绳子距离毛笔不可短于 1.5 米。

（4）给同学们 10 分钟练习，练习结束后开始正式写字，每组可以自行商定书写内容，内容要求积极向上。书写完成后共同展示。

（5）同学分享：活动中有什么困难？是怎样克服的？我们所写的内容有什么意义？

教师总结：

集体荣誉感、团队精神、良好的沟通、分工合作、文化理念等是写好的关键。

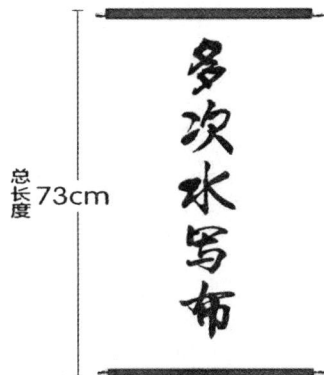

大毛笔   水写布

水桶   拉绳

收纳袋

拓展作业

1. 观看大型纪录片《洪水无情人有情》，并写下感受。

2. 利用书法美术课，用毛笔书写社会主义核心价值观。

3. 记录自己做过的真善美的事，班会时分享。

第十八节　知礼仪　见修养

设计理念

礼仪充分体现了个人的素质，是一个人良好内在修养的表现，是与人交往中不可或缺的知识。

设计目标

通过教育活动，引导学生认识到礼仪对于个人成长与发展的重要性，通过系列案例，帮助学生做到知礼、懂礼、守礼。

活动一：话说礼仪

活动时间：20分钟。

1．经典分享：不学礼，无以立（3分钟）

"人无礼则不立，事无礼则不成，国无礼则不宁"。孔老夫子两千年前念念有词，以礼治国、以礼服人，打造谦谦君子之国。礼仪是中华民族的传统美德，从古至今，源远流长。《论语》中的"不学礼，无以立"，就是说不学会礼仪礼貌，就难以有立身之处。

2．案例分享：刘伯承讲礼仪（7分钟）

学生观看视频《刘伯承元帅》片段。

教师分享：

新中国成立后，刘伯承元帅担任军事学院院长。军事学院虽然是高等学府，但当时的解放军干部文化程度普遍较低，因此，学员们缺乏正规化的概念，自由散漫、无组织无纪律的现象时有发生。刘伯承深知，这些都是常年进行战争，缺乏文化教育、正规训练的结果。他在大会上告诫大家："我们的学员、教员和工作人员，都是来自各个野战军，有的还干过游击队。以后，来自野战军的不可再'野'了，干过游击队的也不可再带'游击习气'了。有的人自由主义，违犯纪律，国防部、毛主席都知道。真是'搞臭了南北两京'，光着腚推磨盘——转着圈丢人。"

刘伯承自己极为重视军人仪表，坐如钟，站如松，即使在夏季酷热的南京，风纪扣也不解开，遇到部属敬礼也必以标准的军姿还礼。他决定先教大家学"礼"，即礼节、礼仪、礼貌，把"建立正规制度"的学"礼"与"学习新兵种学术"的学"法"并列为学院头三个月的中心工作，并结合军委正在酝酿的内务、队列、纪律三个条令草案，重点制定和实行了三大制度，并大力开展作风纪律的检查与整顿，很快学院的面貌焕然一新。1951年，军事学院首次参加国庆阅兵，学院方队被排在阅兵队伍的最前列，整齐雄壮的步伐受到各方一致称赞。

学生观看视频后，分享感受。

教师总结：

刘伯承元帅关注礼仪，从学员的礼仪抓起，全面提升学员的综合素质。作为一名中职生，我们也要关注礼仪，从礼仪做起，全面提升自己的综合素质。

3．案例分享：仪仗队礼仪展示（10分钟）

学生观看视频《三军仪仗队》片段。

中国人民解放军仪仗大队，主要担负迎送外国国家元首、政府首脑、军队高级将领及纪念、庆典等重大国事活动的仪仗司礼任务。1953年6月29日，中国人民解放军仪仗队正式组建。仪仗规格分为三类：

第一种规格：由151人组成，用来迎接外国首脑。

第二种规格：是由127人组成的陆海空三军仪仗队，用来迎接外国军队的高级将领。

第三种规格：是由101人组成的单军种仪仗队，用来迎接外国军队的单军种司令。

此外，仪仗队还担负着外国领导人向天安门广场人民英雄纪念碑献花圈，重大活动升旗的仪仗任务。

学生观看视频后，分享感受。

教师总结：

中国自古就以文明礼仪之邦流溢世界。中华民族历史悠久，文化源远流长，为人类文明发展做出了非凡的贡献。民族的优良传统美德一直激励着中华儿女不畏艰难困苦，自强不息，使中华民族历尽沧桑而不衰。中华民族良好的精神风貌，文明的良好礼仪是优良传统的结晶。我们一定要学礼仪、知礼仪，在日常学习、生活和工作中践行礼仪。

活动二：快乐大转盘

活动道具：无。

活动场地：空旷教室。

活动时间：20分钟。

活动过程：

（1）分组：所有同学分成两组。面对面围成两个圈，一个组为外圈，另一组为内圈。

（2）起初同学们并不知道游戏要告诉他们什么，他们只知道游戏规则。

①当两人见面时，每人都同时向对方做出一个代表自己希望与对方以何种见面礼节打招呼的手势。

②出一根指头，代表自己想与对方的见面方式是"点头"；出两个指头，代表自己想与对方的见面方式是"握手"；出三个指头，代表自己想与对方的见面方式是"握手的同时，自然地拍拍肩膀"；出四个手指头，代表自己想与对方的见面方式是"拥抱"。若双方所出的手势不一致，以小的手势为准。即一方出"3"另一方出"2"时，则双方完成"2"的见面礼。

（3）两个圆圈反方向走动，全体人员在"大转盘"一轮一轮的转动，每次转到一名同学见面打招呼。

（4）随着游戏的进行，同学心理会发生十分微妙的变化，内心不断琢磨着对方会出几，往往最后的结果是大家都出"4"，在热烈的气氛中结束。

（5）同学分享：活动感受、大家喜欢什么样的见面打招呼方式。

📖 **教师总结：**

礼仪是个人心理安宁、心灵净化、身心愉悦、个人增强修养的保障。当每个人都抱着与人为善的动机为人处事，以文明市民的准则约束自己时，那么，所有的人都会体验到心底坦荡、身心愉悦的心情。礼仪是社会文明进步的载体。要继承弘扬祖国优秀的文化传统，加强社会主义精神文明建设，文明礼仪宣传教育是其中重要的一项内容。希望同学们做一个知书达理的中职生，全面提升个人素质。

活动三：主人客人角色扮演

✳ **活动道具：** 无。

🏫 **活动场地：** 空旷教室。

🕐 **活动时间：** 20 分钟。

📋 **活动过程：**

（1）设置情境：需要老师提前设计角色，并帮助学生提前介入角色以便出色完成游戏。

让学生自由组队，2～3 人为一组，提出任务情境，如：你作为家长参加学校家长会，怎么和老师见面交流？学生也可自己设置情境、选择扮演角色，如一部分学生扮演主人（父亲、母亲、孩子等）、一部分学生扮演客人（朋友、长辈、安装工等）。

（2）游戏过程：敲门——问候——进屋——请坐。

（3）演练结束讨论：如何敲门？敲门的礼仪知识是什么？

如何问候？问候语礼仪知识是什么？

进屋的礼仪（根据角色来介绍）是什么？

如何就座？就座的礼仪知识等。

教师总结：

礼仪是家庭美满和睦的根基。家庭是以婚姻和血缘为纽带的一种社会关系，家庭礼仪可以使夫妻和睦、父慈子孝、家庭幸福。礼仪是人际关系和谐的基础，社会是不同群体的集合，群体是由众多个体汇合而成的，而个体的差异性是绝对的。礼仪是各项事业发展的关键，职业是人们在社会上谋生、立足的一种手段。讲究礼仪可以帮助人们实现理想、走向成功，可以促进全体员工团结互助、敬业爱岗、诚实守信，可以增强人们的交往和竞争实力，从而推动各项事业的发展。

拓展作业

1. 作为在校学生，我们在校内与老师、同学交往应该注意哪些方面的礼仪？写一写充实到个人成长档案里。

2. 搜集背诵关于"礼仪"的经典语句，充实到个人成长档案里。

第十九节 我为人 人为我

设计理念

在感受真善美的基础上，理解他人对自己的爱，把自己对别人的爱落到实际行动，激发奉献情感，学会关心他人，帮助他人，提高自身修养与素质，做一名有益于社会的人。

设计目标

培养学生联系实际的能力，引导学生感受爱、奉献爱，让学生们学会关心自己，友爱同学，奉献社会，把关爱别人的道德意识转为实际行动，弘扬"我为人人、人人为我"的良好社会风尚，争做乐于奉献的中职生。

活动一：话说奉献与感恩

◎活动时间：20分钟。

1. 经典分享：关于服务与助人（6分钟）

古人崇尚"为天地立心，为生民立命""先天下之忧而忧，后天下之乐而乐"的君子情怀；今人更记得"人的生命是有限的，可是，为人民服务是无限的。我要把有限的生命，投入到无限的为人民服务之中去"的雷锋精神，这才是动人心弦的召唤，是理想社会慷慨高歌的不懈追求。

中央发布的《关于培育和践行社会主义核心价值观的意见》要求："开展涵养社会主义核心价值观的实践活动"，"形成我为人人、人人为我的社会风气"。

老师想问大家几个问题：

（1）你是否得到过别人的帮助？（事例）

（2）你是否伸出援助之手帮助过别人？（事例）

（3）帮助别人之后是否同他一样快乐？（事例）

你的选择是什么？

当同学们向你求助时，你会抱什么样的态度呢？

学生讨论分享意见观点。

教师分享：

乐于助人，也常常得到别人的帮助，生活中总会有朋友向你伸出援助之手。不愿意帮助别人，别人也不会帮助你，遇见困难只能自己承担，总是生活在孤单痛苦之中。奉献一片绿叶，收获一片森林；奉献一滴水，收获一个海洋。赠人玫瑰、手有余香，这也是人人为我，我为人人。

接下来让我们走近雷锋，看看他是怎样服务他人，实现自我价值的。

2．案例分享：乐于奉献的人生——雷锋（6分钟）

播放视频和图片。雷锋，一个平凡的战士，却以一颗朴实无华的心创出了一番不平凡的业绩，雷锋总是在任何可能的机会里自觉地真诚地全心全意为人民服务：路过工地，他会情不自禁地参加义务劳动，为社会主义建设添砖加瓦；雷雨之际，他用自己的被子去盖水泥；他对工作发扬钉子精神，干一行，爱一行，孜孜不倦地钻研业务，提高军事技术水平……正是这种闪光的共产主义思想，这种无私奉献的精神，使雷锋成为众人心中一盏不灭的灯，使平凡的事迹放射出璀璨的光芒！

听了雷锋同志的故事，请同学们分享你的感受。

学生讨论分享。

在日常的生活中应该怎么做？

学生分享。

教师分享：

雷锋处处为别人着想，学习雷锋全心全意为人民服务的一生，自觉地学习他乐于助人，做好事不留名的优良品德。今日，雷锋精神以不同的形式在世界各处得到实践，不同的民族和国家都在寻找和培养自己的"雷锋"。在这样的形势下，我们更应加强学习和实践雷锋精神，使得我们的团队，我们的社会，我们的世界因此变得更加美好。

3．案例分享：不怕牺牲、一心为民——渡江战役（8分钟）

整个渡江战役，有2.5万英雄儿女为人民解放事业献出宝贵生命。渡江战役时，我军条件艰苦，设备简陋，大部分官兵不识水性，是以单一兵种对付国民党军陆海空立体防线、以小木船对抗敌铁甲军舰，既要面对滔滔江水的天然屏障，又要冒着枪林弹雨的残酷战场，没有无所畏惧、不怕牺牲、一心为民的精神是打不过长江去的。我军广大指战员不怕牺牲、前赴后继、英勇战斗，以他们的牺牲牵制了敌人的注意力，削弱了江防力量，为大军突破创造了有利条件。原南京军区司令员、时任第二野战军第四十四师师长兼政委向守志回忆起当时的场景，敌人的枪弹、炮弹掠空飞舞，构成拦截火网，第三连二排的战士冒着敌人的炮火，纷纷挺身为船工水手遮挡子弹，英勇前进！负伤的班长一面奋勇划桨，一面高喊：

"只要还有一口气,就要战斗到底!"部队广为流传的"渡江第一先锋营""渡江第一船""渡江第一人"的故事,其实各部队都有第一营、第一船、第一人,当时口号就是死也要死在长江南岸上,这一切都表现了指战员们无所畏惧、不怕牺牲的革命精神。

渡江战役中仅3天就被百万大军以雷霆万钧之势直下江南,一举突破,占领了国民党政府首都南京,宣告了蒋家王朝的覆灭。渡江胜利暨南京解放之所以能在最短时间内坚决、彻底、干净、全部地歼灭江防敌军,取得空前的伟大胜利,除了党中央和毛主席的英明领导、人民群众的大力支持外,与广大指战员以及广大民众身上所体现出来的革命精神、奉献精神分不开。将革命进行到底的彻底革命奉献精神是渡江胜利暨南京解放精神的核心内容,它以爱国主义为主题,军民团结为中坚,解放人民为使命。

教师提问:作为解放军他们为什么要拼死战斗?渡江战役的全胜体现了什么精神?

学生讨论分享。

教师分享:

拼搏是为了全国人民解放,为了人民过上幸福的生活。一场战役的胜利,一个军队争分夺秒的努力奋战,处处体现了"人人为我、我为人人"的奉献精神。

教师提问:你将如何践行"人人为我、我为人人"的精神?

教师分享:

心有他人是幸福的状态,人人都献出一点爱,我们的世界将会变成美好的人间。

教师总结:

祖国养育了我们,给我们以物质与精神上的满足;而我们,深感于这养育之恩,应当积极投身于祖国的建设。更强大的国家,意味着我们每个人更好的未来。如此,"人人为我、我为人人",这也应是我们这一代奋斗者不懈追求的理想。因此,时刻谨记"赠人玫瑰、手有余香"是我们不变的追求,所以我们要大力弘扬奉献精神,弘扬"我为人人、人人为我"的良好社会风尚,这是我们每一个人的责任。

活动二：众志成城

✪ **活动道具**：无。

◉ **活动场地**：空旷教室或操场。

🕐 **活动时间**：10分钟。

📋 **活动过程**：

（1）全体同学围成一圈。

（2）每位学生将双手放在前面学生的双肩上。

（3）每个人将自己的脚尖顶在前面学生的脚后跟上。

（4）听从老师的指令，缓缓地坐在身后的学生的腿上。

（5）坐下后，教师给予指令，让学生喊出相应的口号：例如"万众一心、众志成城"。

🗨 **教师总结**：

在我们共同完成小组任务过程中，要做到换位思考，我为人，人为我，要考虑到执行人可能遇到的问题，怎样帮他完成，换做你在执行的时候，也希望别人能帮你化解，大家在不断的沟通协调的过程中，多为别人考虑，更好的完成任务。

活动三：感恩的心

✪ **活动道具**：每人一张心形便利贴、笔、1K白纸。

◉ **活动场地**：空旷教室。

🕐 **活动时间**：15分钟。

📋 **活动过程**：

（1）教师导入：每个人都不是独立存在在这个世界上的，丰富的人际关系形成了我们多彩的人生，如果没有父母的养育，如果缺少老师的教育，如果没有同学的关爱，如果没有亲人的关心，我们无法成为今天的自己。在这么多的爱、温暖、帮助和关心之下，我们却很少有机会去表达我们的感谢和感动。今天让我们慢慢回忆一下我们前面的人生路，从小到大，有哪些重要的事情，或者是让你感动并记忆犹新的事情，也许来自你的家人、朋友、同学、老师，甚至是一位陌生人……

（2）讲解规则：每位同学在心形便利贴上写下对谁的感谢之情。

（3）同学们写完之后，根据意愿度，找愿意分享的同学上台读自己的感谢。在1K白纸上画上一棵大树，并把心形便利贴贴在树上，形成一棵枝繁叶茂的感恩树。

🗨 **教师总结**：

一个真正有力量的人会懂得温暖他人，愿意更多地奉献和分享。同时把你的感恩转化成行动，对他人传递出去。也许是对他人的一个点头微笑，也许眼神中无言的赞赏，或语言表达的肯定，都像是一道光，一份爱传递给更多的人，让这个世界因为爱而更加美好。

拓展作业

1. 观看《渡江战役》电影，体会奉献精神。
2. 读雷锋同志的故事，将读后感写到成长档案中。

第二十节　讲友善　方和谐

设计理念

友善是社会主义核心价值观的基本内容，友善体现了我国每个公民所应遵循的根本道德规范，对中职生进行讲"友善"教育，是一切道德规范教育的起点。

设计目标

通过多种方式创设情境，让学生感受榜样身上友善的品质，懂得友善作为中华民族传统美德的魅力，感悟、体会"善待他人就是善待自己"的真谛。学会正确运用友善的心态和情感，与同学与他人相处，创造和谐的班集体。

活动一：话说友善

⊙ 活动时间：20 分钟。

1．经典分享：有朋自远方来，不亦乐乎（5 分钟）

从《论语》的经典友善语句导入，结合学生实际提出 2 ～ 3 个问题，引导学生反思自己。

《论语·学而》："子曰：有朋自远方来，不亦乐乎？"孔子说了"有朋友从远方而来，不是一件很高兴的事吗"。

老师要和大家交流的问题是：你知道自己有哪些朋友吗？知道你的同学朋友有哪些优点吗？你能说出我们这个班集体有什么优势吗？

学生分享。

👤 教师分享：

待人友善是中华民族的传统美德之一，人的一生会碰到许许多多来自别人的"对不起"。在公共汽车上，有人不小心踩了你的脚；在班集体中，有同学无意间弄坏你的书本；在雨中行走，别人不小心溅了你一身泥水；在食堂吃饭时，有同学不小心将菜汤碰翻到了你的衣服上；课间同学们言谈中无意间一句话伤害了你的感情……这些都需要你用友善的态度对待来自别人的"对不起"，宽容、谅解别人，而不能心胸狭隘，更不可以冤冤相报。在我们生活、学习的这个校园大家庭中，很多事情不可能依靠个人力量来完成，而是要依靠团队的合作来实现，只有相互友善，相互合作，才能弥补个体能力的局限，发挥集体作用，实现团队的目标。

2．案例分享：习近平的宽厚与友善（8分钟）

中国自古崇尚友善和睦，传承至今，在当代也有很多友善的例子，大家能举出来吗？好，现在老师给大家讲一个故事。大家来看一下这是什么？对，这就是咱们的习总书记，接下来咱们要说的就是习总书记的友善。（PPT展示照片和视频）

人民群众敬爱习近平，因为他与人民群众打成一片，让老百姓感到"离自己很近，和自己很亲"，他的身上散发出朴素无华的气息和接地气的味道。

习近平慈眉善目、笑容可掬，他总是满面笑容、和蔼可亲，言行举止极富亲和力和感染力。不少人在观察习近平时，都会很自然地注意到一些细节，比如，他在与普通百姓交流时，会笑呵呵地说"你比我大，我叫你大姐"；对不认识自己的农家妇微笑地说"我是人民的勤务员"；在与村民、村干部座谈时，会亲切地给小朋友递花生，亲手帮村民摘柚子；在四川芦山地震帐篷里，还双手捧着一小男孩的脸轻轻地亲吻；回到梁家河见到过去插队时的农民兄弟，会很自然地用力拍拍他们的肩膀，直呼小名；到北京南锣鼓巷，会笑眯眯地说"我来看一看老街坊"，等等。

中国老百姓评价最多的话是："他没有架子。他像咱老百姓一样说话。""他亲切随和、平易近人。他像个老朋友。"河南开封县供电公司代鑫波是开封市焦裕禄式好干部先进事迹巡回报告团成员，习总书记接见了他，他兴奋地说："总书记很朴实、亲民，他过来和我们每个人一一握手，感觉比电视里还平易近人，见他还没有见你们记者紧张呢。"河南兰考县许河乡董元村党支部书记董庆献回忆说："总书记和我们一一握手，面带笑容，我感觉总书记可亲可敬、平易近人，紧张的心一下就放下来了。"

政论专题片《大国外交》第6集《美美与共》中，复旦大学留学生唐可说："我觉得习主席他是非常幽默，因为他不仅是可以打动所有人的心，让大家都觉得很感动，都想听他说的话，而且他也可以让大家笑起来，他不像一个领导人，他就像一个普通的老百姓，和大家一起接触。"

曾担任习仲勋秘书的俞惠煜说："在齐心阿姨看来，近平的为人特别像他的父亲，有些事做得和习老简直如出一辙。"习老曾被毛泽东评价为"一个从群众中走出来的群众领袖"。习近平被老百姓誉为"平民领袖"，当年在地方任省、地、县主要领导时，他就被群众亲切地称为"平民书记"，他身上有浓厚的"平民情结""平民情怀"和"平民风格"，他具领袖样子，但没领袖架子，处处尽显"平民色""平民样"和"平民趣"，不摆架子、不"讲究"，用老百姓的话来说"总书记没有一点架子，到家里就跟走亲戚一样"。人们还用"大大"的称谓来表达对领袖的亲，用流行语、动漫等新的形式自发传播着习总书记的言行与细节，让一代领袖从"墙上的肖像"成了"微博上的偶像"，他因此赢得了广大人民群众由衷的爱戴。

教师总结：

友爱、互帮互助的中华传统精神始终代代相传，极大地激发了中国人的文化自信，为我们在新征程上奋进提供了强大的精神力量。同学们，让我们多一份谦让，少一些争执；多一份友善，少一些嫉恨；多一点奉献，少一点自私。让我们携起手来，用友爱温暖班级，让友爱成为纽带，营造一个平安和谐的校园，让我们的学习生活环境更加美好，让生活中处处唱响友爱的赞歌。

3．案例分享：人类命运共同体（7分钟）

（PPT播放视频）全球190多个国家、约70亿人口，我们因何而紧密相连、为何不该一意孤行，未来又将走向何方？迈向人类命运共同体，这是中国领导人基于对历史和现实的深入思考给出的"中国答案"，那就是友善合作，然后世界才能和谐。

推动建设人类命运共同体，源自中华文明历经沧桑始终不变的"和谐"情怀。从"以和为贵""协和万邦"的和平思想，到"己所不欲，勿施于人""四海之内皆兄弟"的处世之道，再到"计利当计天下利""穷则独善其身，达则兼济天下"的价值判断……同外界其他行为体命运与共的和谐理念，可以说是中华文化的重要基因，薪火相传，绵延不绝。新时期，中国人民致力于实现中华民族伟大复兴的中国梦，追求的不仅是中国人民的福祉，也是各国人民共同的福祉，关于命运共同体的传统理念得到进一步发扬光大。

推动建设人类命运共同体，是中国领导人基于对世界大势的准确把握而贡献的"友善"。人类只有一个地球，各国共处一个世界。经济全球化让"地球村"越来越小，社会信息化让世界越来越平。不同国家和地区已是你中有我、我中有你，一荣俱荣、一损俱损。国家之间，过时的零和思维必须摒弃，不能只追求你少我多、损人利己，更不能搞你输我赢、一家通吃。只有义利兼顾才能义利兼得，只有义利平衡才能义利共赢。

推动建设人类命运共同体，是新时期中国特色大国外交的友善和谐。从致力于构建新型国际关系到不断拓展全球伙伴关系网络，从亲诚惠容的周边外交理念到真实亲诚的对非工作方针，再到共建"一路一带"战略构想，从抗击埃博拉病毒到也门撤侨行动，再到尼泊尔强震救援……中国不仅坚持走和平发展道路，更敞开胸怀欢迎各国搭乘中国"快车"、共享发展机遇，以实际行动为构建人类命运共同体注入中国智慧，贡献中国力量，同世界各国合作共赢。

教师总结：

生活是一面镜子。当你面带友善走向镜子时，你会发现镜中的那个人也正满怀善意地向你微笑；当你以粗暴的态度面对它时，你会发现，镜中的那人也正向你挥舞拳头。做一个友善的人，不是一朝一夕的事情，需要我们长期的付出和行动。因此，我希望大家把友善放在心里，落实到行动上，从小做起，从自身做起，从身边一点一滴做起，做一个大家喜欢的友善学生。

活动二：巧解千千结

❖ **活动道具：** 无。

⊘ **活动场地：** 空旷教室。

⊙ **活动时间：** 20分钟。

⊜ **活动过程：**

（1）教师导入：我们每个人都生活在集体中，人与人之间的关系交错如网，看似杂乱无序，但是只要我们用心，这张杂乱的网可以变成一个同心的圆。只要我们之间相互友善，一定能够促进我们这个大集体的和谐。

下面，我们来做巧解千千结的游戏，让我们来看一下，这个错综复杂的网，如何可以成为一个同心圆？

（2）学生分组，10人一组，每组站成一个向心圈。

（3）讲解规则：先举起右手，握住对面一个人的手；再举起左手，握住另外一个人的手（不可以是同一个人）；现在形成了一个错综复杂的网，在不松开手的情况下，想办法把这张乱网解开。告诉大家一定可以解开，但答案会有两种。一种是一个大圈，另外一种是两个套着的环。

注意：如果过程中实在解不开，可允许相邻两只手断开一次，但再次进行时必须马上封闭。

（4）活动结束后同学分享：在开始的时候是否感觉思路很混乱？

当解开了一点以后，你心里的感觉是什么？

当游戏遇到困难时，大家有没有相互指责抱怨？

在这个过程中，你学到了什么？

🍂 **教师总结：**

每一个人都离不开社会，脱离不了集体。在遇到问题时，相互的指责抱怨永远不是抵达目标的最有效方法，而是大家放下情绪，保持平和，在团结友善的状态下，才能和谐共赢。

活动三：同心杆

❖ **活动道具：** 同心杆。

⊘ **活动场地：** 空旷教室。

⊙ **活动时间：** 20分钟。

⊜ **活动过程：**

（1）情景导入：每人伸出一根手指托住齐眉棍，调整至最矮的人的眉毛的高度，然后令大家同时下降，缓缓将同心杆下降到膝盖高度。在整个过程中，不许有人将手离开同心杆。一旦离开则游戏失败，需要重新开始。

（2）将同学分为 10 人一组。

（3）讲解规则：

①每组同学站成相对的两列，每位同学伸出一只食指，将同心杆放在每个人的食指上，并保证每个食指都接触到同心杆。

②将同心杆调整到最矮的那位同学眉毛的高度，在保证每个人的手都在同心杆下面的情况下，将同心杆完全水平地往下移动。一旦有人的手离开同心杆，或同心杆没有水平往下移动，任务就算失败。

③在下放的过程中任何人不能用手指勾、卡、扣住同心杆，否则视为犯规。

（4）小组体验，然后讨论：

为什么第一次当所有人都喊"向下"的时候，棍子反而向上升呢？

当某位同学手指脱离同心杆，而小组受到惩罚的时候，大家的反应是什么？

是否是在第一时间开始指责、抱怨当事人？在日常生活中会不会发生类似的事情？

经过讨论，改进方法之后我们是如何取得成功的？

教师总结：

刚才这个看似简单的游戏，要想成功不是特别容易。如果是一两个人去完成这个任务，会简单很多。但是人越多，就越难，因为人多了，人和人之间的关系也多了，也就复杂了，特别是出现困难的时候，指责和抱怨的声音最多，虽然都是为了大目标的完成，但是大家的心开始七上八下，就犹如我们手中的同心杆。不知道大家有没有发现，当我们伸出食指去指向别人指责抱怨的时候，剩下的三根手指是指向自己的。如果我们可以放松下来，理解到每一位同学的用心都是为了更好地完成任务，可以用柔和的语言和尊重的表达，大家的配合度才会越高，心理的契合度也会越高，当我们集体达到了和谐的状态，就是一个无敌的无往不胜的团队。

拓展作业

1. 收集学习总书记关于人类命运共同体的言论。

2. 搜集并记住 2～3 句关于友善和谐的相关经典名言，写到成长档案里。

3. 观看故事片《山东兄弟》，将心得体会写入个人成长档案。

第二十一节　父母恩　永不忘

设计理念

通过体验活动，让学生了解父母之爱，感受父母之情，体验亲情的无私和伟大，学会如何去理解父母、尊敬父母、体谅关心父母。从现在做起，从点滴做起，以实际的行动孝敬父母。

设计目标

引导学生传承好中华民族孝老爱亲、尊老敬老的传统美德。让学生懂得亲情孝道，能与父母和谐相处，懂得怎样去孝敬父母。

活动一：话说孝道

◎活动时间：20分钟。

1. 经典分享：《游子吟》（6分钟）

教师导入："慈母手中线，游子身上衣。临行密密缝，意恐迟迟归。谁言寸草心，报得三春晖。"这是唐代诗人孟郊的《游子吟》。这首诗妇孺皆知，幼儿园的孩子都会背。但是，我想问问同学们，谁知道这首诗是孟郊多大年龄的时候写的？很多同学可能认为是孟郊青年离家时写的，对吧？但是我告诉大家，是孟郊50岁的时候，在古人称之为"知天命"的年纪，他才写下了这首歌颂母爱的真挚的诗篇。那么这首诗写下的时候，孟郊经历了怎样的人生际遇呢？孟郊46岁才考中进士，直到50岁才终于谋得一官半职，然后能够相对比较长久地陪伴在老母亲的身边。如果不是有老母亲一直在他的身后支持他、鼓励他，他可能很早就放弃了，他可能坚持不到最后。

同学们，你和父母之间有什么故事可以分享吗？通过这些故事你感受到父母对你的恩情了吗？

学生分享。

教师总结：

如果说为远行的游子缝补衣裳是每一位母亲最朴素的表达，那么对于母爱的深切感受和情感的回报，也许比母爱的无私付出要更加难得，更加珍贵。所以这首《游子吟》的核心不在前四句，而在最后两句"谁言寸草心，报得三春晖。"我们该如何回报父母的恩情呢？今天，我们在这里讲孝道，羊有跪乳之恩，鸦有反哺之义，我们首先要有这颗"寸草心"。虽然爱是天性，是自然属性，但是爱也需要学习。孝是一种爱，孝道也需要学习。每一个时代都有每一个时代的精神和价值观念，也许我们可以从他们身上学习如何"报得三春晖"。

2．案例分享：陈毅孝母（8 分钟）

陈毅是中国人民解放军的创建者和领导者之一，也是中华人民共和国十大元帅之一。陈毅还是一个非常孝敬父母的好儿子。

下面请同学们看一段视频《陈毅孝母》，让我们一起看看陈毅元帅是如何孝敬母亲的。

教师引导：陈毅元帅是个大人物，每天都有繁忙的公务在身，但他却不忘家中的老母亲。在百忙中抽空回家探望瘫痪在床的母亲，为母亲洗尿裤，以关切的话语温暖抚慰病中的母亲。虽然陈毅元帅为母亲所做的只是一些平常得不能再平常的小事，但从这些平常的小事，我们可以看出他对母亲浓厚的爱。他不忘母亲曾为自己付出的点点滴滴，理解母亲的艰辛和不易，知道报答母亲的养育之恩。

你认为怎么做才算孝敬父母呢？你平时做过哪些孝敬父母的事情呢？

学生分享。

教师总结：

同学们，孝敬父母绝不仅仅是物质上的满足，更重要的还是精神上、情感上、心灵上、人格上对父母的一种关爱、慰藉和尊重。孝敬父母其实很简单，父母不求你做什么轰轰烈烈的事情，陪父母拉拉家常、帮父母做点家务或帮父母洗洗脚、捶捶背等等，这些都是我们现在力所能及的事情，这也是感恩父母最好的方式！

3．案例分享：习近平总书记新时代的孝道论——"老吾老以及人之老"（6 分钟）

PPT 播放照片。习近平总书记孝敬父母，推行"老吾老以及人之老"的理念，并且在十九大报告中大力倡导。2019 年 2 月 3 日，习近平总书记在春节团拜会上发表讲话指出，自古以来，中国人就提倡孝老爱亲，倡导"老吾老以及人之老，幼吾幼以及人之幼"。

习近平总书记新时代的孝道理念体现在他的身体力行、率先垂范当中，体现在他"老吾老以及人之老"的大孝、大爱、大义当中，更体现在他持续推进老龄事业发展的治国理政的务实举措当中。习近平总书记用实际行动，践行"老吾老以及人之老"的孝道理念，并且在执政中把养老、孝老、敬老的具体措施落到实处，真正做到老有所养、老有所医、老有所为、老有所乐；使"孝道"提升到"为人民服务"的国家治理层面，并纳入社会主义核心价值观宣传教育中。这就使"孝"体现为大孝、大爱、大义，为孝道美德注入了丰富内容和新的活力，开辟了新时代孝道观念的新境界。

教师总结：

今天我们要让孝老爱亲深厚的道德资源凝聚起人心，要让尊老敬老强大的道德力量构筑起和谐社会，这将为我们实现人民对美好生活的向往，实现中华民族伟大复兴的中国梦奠定深厚的基础。让我们一起诵读中华优秀传统文化当中关于孝、亲的那些经典的篇章，再一次让传统美德浸润我们的心灵。

弟子规，圣人训，首孝悌，次谨信。泛爱众，而亲仁，有余力，则学文。父母呼，应勿缓，父母命，行勿懒。父母教，须敬听，父母责，须顺承。——《弟子规》

活动二：《我所知道的父母》

❈**活动道具**：《我所知道的父母》卡片、笔。

◉**活动场地**：空旷教室。

◔**活动时间**：20分钟。

（1）教师导入：

在前几年的春晚上，曾经有一首歌曲让很多人感动不已，让我们感受到了父母无私的爱和浓浓的亲情，今天让我们再回味一下这首歌曲——《时间都去哪了》。

从小到大，你的故事被父母小心翼翼地珍藏在一个宝盒里，打开这个宝盒，他们知道你什么时候长了第一颗牙，他们记得你什么时候第一次喊"爸、妈"，从小到大，尽管你总是说他们不了解你，其实他们对你的了解远远地超过了你能想象的程度。可是，反过来了，你对父母又了解多少呢？

（2）游戏规则：每一位同学发一张卡片，用心进行填写。

💬**分享讨论：**

我对爸爸妈妈的了解有多少？有哪些地方是我不了解的？哪些方法可以拉近我们之间的距离，让我更了解我的父母呢？

🏵**教师总结：**

如果我们今天将问卷的父母换成孩子，这一份问卷让父母来填，答案要丰富得多。从我们出生的那一刻起，他们就一直在用心记录着我们的成长，如果你感觉和父母之间的关系不太融洽，也许并非缺爱，也许缺的是沟通。所以希望同学们回家之后，把你没有回答的问题，和父母沟通之后，找到答案。

附：

卡片《我所知道的父母》

爸爸生日：＿＿＿＿＿＿＿＿＿	妈妈生日：＿＿＿＿＿＿＿＿＿
爸爸喜欢吃的食物：＿＿＿＿＿	妈妈喜欢吃的食物：＿＿＿＿＿
爸爸鞋子尺码：＿＿＿＿＿＿＿	妈妈鞋子尺码：＿＿＿＿＿＿＿
爸爸兴趣爱好：＿＿＿＿＿＿＿	妈妈兴趣爱好：＿＿＿＿＿＿＿

爸爸年轻时的理想：_____ 　　妈妈年轻时的理想：_____

爸爸最得意的事：_____ 　　妈妈最得意的事：_____

爸爸最后悔的事：_____ 　　妈妈最后悔的事：_____

爸爸最大的优点：_____ 　　妈妈最大的优点：_____

活动三：亲情关系情景剧

✪ **活动道具**：情景卡片。

⊕ **活动场地**：空旷教室。

◑ **活动时间**：20 分钟。

（1）教师导入：各位同学在家庭中和父母生活在一起，有一些家庭矛盾的存在和冲突也实在说难免，但是只要大家心里充满爱，任何矛盾都是可以化解的。

（2）游戏规则：将班里同学分成四组，每组抽取一个情景内容，根据情景剧的情节将剧情呈现出来，呈现完毕，并找出解决此情景剧中的问题答案，用表演的方式化解矛盾。

内容如下：

▶ **情景一：**

小明摸底考试成绩不理想，家长会结束后，父母劈头盖脸将小明一顿批评。小明很想辩解，但是觉得父母既然这么说了也不想多做解释。接下来的好几天，小明都不和父母说话。憋了好几天，小明难受极了。

问题：小明该如何主动打破"冷战"僵局？

▶ **情景二：**

最近，小刚与同学正在讨论制定班级一个活动方案，经常通过电话联系同学，因此他在家中的电话渐渐多了起来。可是他发现，每次当他接电话时，父母总在想尽办法听他们的谈话内容，之后还一直追问是谁打的、什么事情。一天，小刚终于无法忍受，气愤的话脱口而出："你们不就想知道我是不是谈恋爱了吗？告诉你们，我就是谈恋爱了，随便你们！"这句话就像重磅炸弹一样，家里开始阴云密布。

问题：小刚应该怎样控制自己的情绪，与父母进行有效的沟通？

▶ **情景三：**

今天是奶奶生日，很多亲戚来家里聚会。吃饭的时候，小鹏的父母又开始将小鹏和表哥进行对比，一再强调表哥已经考上了重点大学，要求小鹏要向表哥学习，也必须考上重点大学。小鹏越来越听不下去，放下筷子拉长着脸出了门，还不忘重重地摔门，留下一脸惊愕的全家人。

问题：小鹏在亲友面前应该如何表达对父母的共情，给父母留足面子？

▶情景四：

晚上，墙上的挂钟指针已经指上了九点，小强仍在津津有味地看电视。此时已临近月考，父母督促小强该做作业和复习功课，小强充耳不闻，父母忍不住唠叨几句，双方发生了冲突。

问题：小强应该如何处理好学习和娱乐的关系，从而改善和父母的关系呢？

（3）讨论分享：

①在刚才的情景剧中，你表演的是什么角色？发生了什么？

②你的感受是什么？

③这样的情景在现实生活中出现过吗？对你有什么启发？

④在未来的生活中，你将如何运用今天学到的知识或方法？

教师总结：

同学们，在刚才的情景剧中，虽然有笑声，我想更值得大家深思：本应该是世界上最亲的人，有时候却是矛盾最深的那个；在一个本应讲爱的家庭中，我们却一直争吵。我想通过刚才的情景剧，特别是那些表演了父母的同学应该有更深的感触，一般来说，在和父母的冲突中，父母的出发点是好的，有了一份换位思考的理解，发现和体悟父母的爱，矛盾冲突便会迎刃而解。

拓展作业

1. 能背诵《游子吟》，并写到成长档案中。

2. 利用周末回家时间，为父母做 1～2 件力所能及的事情，回校后分享。

第二十二节　师如长　心敬仰

设计理念

尊师是中华民族的传统美德，是对每名学生最基本的要求。在体验感恩父母的基础上，加强尊敬师长的项目体验，是亲情孝道教育的升华内容。

设计目标

通过体验活动，增强学生的尊师观念，让学生敬畏老师、尊重老师。

活动一：话说尊师

⊙**活动时间：**20 分钟。

1. **经典分享："国将兴，必贵师而重傅"（5 分钟）**

同学们，我们对于老师这种角色都不陌生，人们把老师比喻成园丁、春蚕、蜡烛，可见老师的无私和奉献。荀子说："国将兴，必贵师而重傅；国将衰，必贱师而轻傅。"这句话出自战国时期的《荀子·大略》。说的是：国家想要振兴，必须尊敬教师，重视传授专长技术的帅傅，教师受尊重，国家的法律制度就能得到保存；国家如果趋于衰败，一定轻视教师，教师不受到尊重，人就会放纵性情，人肆意放纵，国家的法律制度就要受到破坏。所以，尊师重教，事关国家的兴衰存亡。

作为中华民族代代相传的传统美德，"尊师重道"一说最早源自南朝范晔的《后汉书·孔僖传》，"臣闻明王圣主，莫不尊师贵道。"其实，早在西周时期，《太公家教》便有"弟子事师，敬同于父"的思想，而《礼记·学记》中也有云："凡学之道，严师为难。师严然后道尊，道尊然后民知敬学。"

下面请同学们回想一下，你能说出让你尊敬的老师的名字吗？还记得你们之间的故事吗？

随机抽取 2 ～ 3 名学生分享教师根据学生分享，加以小结。

2. **案例分享：毛泽东尊师的故事（6 分钟）**

PPT 播放图片。毛泽东是伟大的人民领袖，却始终尊敬自己的老师。1959 年，毛泽东回到了阔别 32 年的故乡——韶山。他所做的第一件事，就是到父母的坟前，寄托自己对父母的思念。第二件事，就是去看望自己的老师毛宇居老先生。吃饭时，毛泽东把老师让在首位，亲自给他敬酒，表达自己对老师的敬意。毛泽东青年时代在湖南第一师范学校上学时的老师徐特立倡导"不动笔墨不读书"的学习方法，毛泽东对此十分推崇。深受徐特立影响的毛泽东养成了读书必须写笔记的习惯。徐特立 60 寿辰时，毛泽东特意写信向徐老祝贺。信中说："您是我 20 年前的先生，您现在仍是我的先生，将来必定还是我的先生。"

教师总结：

一个人，无论地位有多高，成就有多大，如果饮水思源，他就不会忘记老师在他的成长道路上所花费的巨大心血。"国家兴亡，系于教育；教育兴亡，系于教师。"是教师让我们告别愚昧，是教育让我们挥别贫穷，是教师让人们智慧起来，是教育让民族振兴起来。因此，尊敬老师是一个民族文明的标志，是提高国民素质的关键！请同学们做一个心怀敬仰、尊敬老师的人。同学们知道教师节是哪一天吗？它的来历有同学知道吗？

3．案例分享：教师节的来历（9 分钟）

（PPT 播放图片）在古代中国也一样有着"教师节"，与孔子有着莫大的联系。古时候的"教师节"可以追溯至汉代。据《汉书·平帝纪》记载，当时的教学体制是"郡国曰学，县、道、邑、侯国曰校，校学置经师"，经师也即教师。而黄宗羲的《与陈乾初论学书》中记载着，汉代时，在每年的孔子诞辰日，也就是农历八月二十七日，皇帝会率领文武百官祭拜孔庙，场面秩序井然，鼓乐喧天，礼节隆重。不仅如此，在祭孔典礼之后，皇帝还会邀请国子学、太学的经师入宫，"为饮食之客，席间辞赋其娱"。后来，各地方民众也纷纷效仿帝王的祭孔敬师之礼。历朝历代都延续了一些尊师重教的约定节日。

新中国成立后，中央人民政府曾恢复 6 月 6 日为教师节，教育部通告各地教育工作者，可以根据实际情况自行组织庆祝活动。1951 年 4 月 19 日，教育部长和中国教育工会全国委员会主席发表书面谈话，宣布"五一国际劳动节"同时为教师节。但由于这一天缺少教师的特点，执行的结果并不理想。

近年来，我国政府采取了许多措施，动员全社会尊重教师，提高教师的地位，改善教师的工作和生活条件。为了进一步提高教师的政治地位和社会地位，形成尊师重教、尊重知识、尊重人才的社会风尚，推动教育事业的发展，根据全国人大代表、全国政协委员和各界人士，特别是各地教师的多次提议，以及各地开展尊师活动的经验，国务院于 1985 年 1 月 11 日，向全国人民代表大会常务委员会提出关于确定每年 9 月 10 日为教师节的议案。同年 1 月 21 日举行的第六届全国人民代表大会，通过了关于建立教师节的议案，决定 9 月 10 日为教师节。

教师总结：

同学们，从第一个教师节到现在，我们经历了 35 个教师节，从人们通常所说的"尊师重教"到总书记提出的"尊师敬教"，一字之差，"敬教"更体现出对教育本身的敬重，对教育的价值意义的高度认可。尊师重教不是一句口号，而是实实在在的行动。不仅仅是教师节才有的专利，而是应当落实到日常生活中。

活动二：图绘历史——我和老师的故事

✖ **活动道具：** A4 白纸、马克笔。

◎ **活动场地：** 空旷教室。

◷ **活动时间：** 25 分钟。

▣ **活动过程：**

（1）学生排队报数分成 4 个组。

（2）教师讲解游戏规则：

同学们，我们从上学以来接触过很多老师，你能想到的印象最深刻的老师是哪一位？为什么印象深刻？请先在组内分享一个你和老师间的故事，然后将本组的故事挑选 3 ～ 5 个有代表性的绘制到白纸上（只能以图画的形式，可以有简单的文字提醒，不允许出现大段的文字说明），这个过程用时 15 分钟，然后每组推选一名学生到台前进行讲解分享，每组分享时间为 5 分钟以内。

（3）教师根据学生的分享，随机小结。

活动三：感恩墙——爱要表达出来

✖ **活动道具：** 每人一张便利贴、笔。

◎ **活动场地：** 空旷教室。

◷ **活动时间：** 15 分钟。

▣ **活动过程：**

（1）教师讲解游戏规则：

上一个活动，让我们想起了跟老师在一起的点点滴滴，我们感恩老师，热爱老师，我们就要表达出来，这个环节，我们每人给老师写一句话，可以是祝福的话，可以是以前想说不敢说的话，可以是留存在心里多年的秘密等等，把他写下来，贴到墙上，然后进行分享。

（2）活动接近尾声，师生同唱歌曲《感恩的心》。

🌻 **课堂小结：**

在刚才的活动中，老师感触到了大家的心声，我也会努力做一名大家喜欢的好老师。时光终将远去，师恩永在。"生我者父母，成我者师长"，尊师重教是一个有着深厚历史积淀的民族品格。今天的学生就是未来实现中华民族伟大复兴中国梦的主力军，广大教师就是打造这支中华民族"梦之队"的筑梦人。所以我们要尊敬老师，热爱老师。许多同学在教师节给老师送上贺卡以表心愿，其实，尊师不在于这些，而在于我们同学的头脑中，是否时刻都有这样一个意识，在于是否将这种意识融于自己的每一言、每一行中。我真切地希望各位同学能将今天所说的一切化为实际行动，从见面问老师好开始，用一点一滴、一言一行来表达对老师的尊敬与爱戴。

拓展作业

1. 搜集孔子、叶圣陶、蔡元培、陶行知等教育家的故事，感受他们的人格魅力。
2. 阅读"程门立雪"的故事，结合你的尊师体验，写到个人成长档案里。

第二十三节　学文史　善镜鉴

🎓 设计理念

中华优秀传统文化源远流长，中华儿女理应对传统文化有所了解，才能更好地认识世界、认清自我，拥抱生命、敢于奋斗，实现自己的人生价值。

🖱 设计目标

通过诵读诗文，让学生置身在传统文化的氛围中，激发学生学文史的兴趣，并以史为鉴，从而完善自我，提升自我文化修养和底蕴。

活动一：话说传统文化

🕐 **活动时间：** 20 分钟。

1. 经典分享：学生读诗文（6 分钟）

先由《弟子规》导入。

《弟子规》："弟子规，圣人训。首孝悌，次谨信。泛爱众，而亲仁。有余力，则学文。"
引领学生齐背《弟子规》，让学生融入传统文化的氛围中。

👤 **教师分享：**

《弟子规》是依据至圣先师孔子的教诲而编成的生活规范。先人告诉我们，在日常生活中，首先要做到孝顺父母，友爱兄弟姐妹。其次在一切日常生活言语行为中要小心谨慎，要讲信用，和别人相处时要平等博爱，并且亲近有仁德的人，向他学习。如果这些做了之后，还有多余的时间精力，就应该好好地学习六艺等其他有益的学问。

培根说："读诗使人灵秀，读史使人明智。"我们只有多读书、学文史，才能更加深刻地了解我们中华民族的优秀传统文化，才能以文史为鉴，更好地认识世界、认清自我，实现自己的人生价值。

2. 案例分享：伟人读文史——毛泽东半床是书（6 分钟）

出示毛泽东晚年读书，半床是书的照片。请同学们谈一下自己的感受。

学生分享。

毛主席自幼喜欢读书，涉猎很广，但中国历史和中国古代文学方面的书则是他最喜欢阅读的。关于中国历史，他从小就有浓厚兴趣。在省立一中，他学了古代史后，写了篇论商鞅变法的作文，获得老师好评，老师认为他"才气过人，前途不可限量"。他在给好友萧子升的一封信中开列了 77 种经、史、子、集书目，直言："中国应读之书止乎此。"

毛泽东晚年的择读，也表现在对中国文史的偏好上。仅《红楼梦》便阅读和收藏了20 种不同版本的线装书。阅读经典在于反复揣摩，毛泽东反复阅读《红楼梦》，读《资治通鉴》达 17 遍。

新中国成立后，公务繁忙，他也总是挤出时间看书。他的中南海故居，简直是书天书地，到处都是书，床上除躺卧的位置外，也全都被书占领了。为了读书，毛泽东把一切可以利用的时间都用上了。外出开会或视察工作，常常带一箱子书。他反对读书只图快、不讲效果的读书方法。重点书他总是一篇篇仔细研磨，从词汇、句读、章节到全文意义，哪一方面都细细滤过。

有时他还把书、文中精当的地方摘录下来或随时写下读书笔记或心得体会。毛主席动笔读书，还纠正原书中的错别字和改正原书中不妥当的标点符号。他提倡"古为今用"，非常重视历史经验。

教师分享：

毛主席是文武双全的开国领袖，是中国共产党、中国人民解放军和中华人民共和国的缔造者、创始人、伟大导师。他文能安邦，武能定国，落笔能生千般秀，胸中自有百万兵。在他的著作、讲话中，常常引用中外史书上的历史典故来生动地阐明深刻的道理，他也常常借助历史的经验和教训来指导和对待今天的革命事业。

3．案例分享：今人读文史——《经典咏流传》视频欣赏（8 分钟）

2017 年 10 月 18 日，习近平在中国共产党第十九次全国代表大会上说："要深入挖掘中华优秀传统文化蕴含的思想观念、人文精神、道德规范，结合时代要求继承创新，让中华文化展现出永久魅力和时代风采。"

中华民族 5 000 多年历史，源远流长，创造出博大精深的中华文化，孕育出世界上唯一没有中断而延续至今的人类文明。如今，习主席为中华传统文化代言，全国上下掀起了一股学习传承传统文化的热潮，并通过一些优秀的电视节目进行了创新，比如《诗词大会》《成语大会》《经典咏流传》《朗读者》等。

欣赏《经典咏流传》视频片段中，山村教师梁俊和孩子们对袁枚的《苔》的精彩演绎。请同学们看完后谈一下自己的感受。

学生分享。

教师分享：

袁枚的《苔》："白日不到处，青春恰自来。苔花如米小，也学牡丹开。"

苔花如此细小低微，自不能与国色天香的牡丹相比，但即使是微如苔花，也依然要自立自强，活出自己的精彩。古人短短数语，却把人生道理寓于其中，所以我们常学文史，有助于我们及时内省提高，在生活中、学习中成长为更好的自己。

学生齐读两遍，再次感受这首小诗中所给予我们的思考。

教师总结：

同学们，在中华五千年的浩瀚历史中，古诗文就像是一颗璀璨的明珠，在文学艺术的星空中熠熠生辉，又像是一股升腾了千年的香气，在文学艺术的长廊上弥漫、缭绕我们。

活动二：飞花令

活动场地：空旷教室。

活动时间：20分钟。

活动过程：

（1）教师导入：飞花令原是古人行酒令时的一种文字游戏，得名于唐代诗人韩翃的名句"春城无处不飞花"。今天我们虽无酒怡情，但我们也来以诗会友，也来玩一下《飞花令》，看看我们哪位同学是诗词小达人。首先我要将咱们这个团体分为六个小组，这六个小组代表的是六个小团队，期待各位同学在自己的小团队中有精彩表现。

（2）教师讲解游戏规则：

本游戏共多轮比赛，每轮比赛设置一个关键字（如"云""春""月""夜"），每个小组要合众力说出一句含有这个字的诗句。

（3）每个小组依次作答，全都答上，再进行下一轮，无法作答的小组淘汰，直至决出优胜小组。

（4）学生分享讨论：在刚才的比赛中，哪些同学表现得好？你觉得是什么原因呢？

教师分享：

"江山代有才人出，各领风骚数百年"，中华诗词文化博大精深，今天我们一起走进古诗词，领略了古诗词的魅力，展示了自己的文化底蕴和风采。让我们每个人都走进古诗文的乐园，让东方之美滋养着龙的传人，让五千年文化植根在我们中华少年的心田。让我们的校园充满朝气，让我们的心灵沐浴书香。

活动三：历史典故情景表演

✡ **活动道具：** 文史典故卡片。

◎ **活动场地：** 空旷教室。

◔ **活动时间：** 20 分钟。

◔ **活动过程：**

（1）教师导入：同学们，中华传统文化源远流长，从幼儿园我们就开始读骆宾王的《鹅》，"鹅鹅鹅，曲项向天歌……"，欣赏到普通事物的美好；我们就会读"床前明月光，疑是地上霜……"，感受游子的思乡之情。我们还知道很多很多名人的小故事，接下来要进行的一个活动叫作"情景表演"。

（2）每组抽取一张典故卡片，如卧薪尝胆、纸上谈兵、毛遂自荐、三顾茅庐、孔融让梨、头悬梁锥刺股、凿壁借光……卡片背面印上典故解读，方便同学掌握。

（3）每组同学抽到文史典故卡片后，根据里面的故事设计一个情景剧，然后进行展示，并讲解其中的意义。

🎐 **分享讨论：**

对历史典故了解多少？从中能学到哪些道理？

🎩 **教师分享：**

以铜为鉴，可以正衣冠；以史为鉴，可以知兴替；以人为鉴；可以知得失。中国是一个历史悠久的国家，尽管传统文化经典和历史与我们相去已远，但其包含的精神内核和文化意义却根植在我们每一个中国人的血液里。在这日新月异、飞速发展的时代，我们更应该学习继承发扬中华传统文化。

🍂 **教师总结：**

"以史为鉴，可以知兴替。"中华民族是一个注重历史思维的民族。习近平总书记指出，"历史是最好的教科书""历史是人类最好的老师""对我们共产党人来说，中国革命历史是最好的营养剂""一个国家、一个民族要振兴，就必须在历史前进的逻辑中前进、在时代发展的潮流中发展"。我们要努力提高历史思维能力，重视、学习、研究、借鉴历史，深刻把握历史规律、认清历史趋势、总结历史经验、牢记历史教训，在对历史的深入思考中做好现实的学习、工作，更好地走向未来。

拓展作业

1. 观看纪录片《毛泽东》第 5 集《书山有路》，了解伟人是如何爱读书，读文史的。

2. 利用早读时间诵读经典《满江红》《将进酒》等诗词，品味古代诗词的魅力，了解诗歌背后的历史。

第二十四节 乐之者 学终身

设计理念

知之者不如好之者，好之者不如乐之者。时代进步飞速，不及时更新我们的知识，拓宽自身的知识面，在工作中、生活中就很容易被社会淘汰。引导学生树立终身学习理念，不断及时扩充知识，练好技能，才能够与时俱进，与社会共同进步。

设计目标

通过分享和体验，增强同学们的学习积极性和主动性，养成自觉学习的好习惯，丰富学校的学习生活，树立终身学习的信念。

活动一：话说终身学习

◎**活动时间：**15 分钟。

1. 从经典语句说起：学而时习之，不亦说（乐）乎（5 分钟）

"学而时习之，不亦乐乎"出自《论语》，千古名句，代代相传。意思是：学到知识后按时温习并实践练习，不是一件令人心生喜悦的事吗？孔子还说："知之者不如好之者，好之者不如乐之者。"意思是：（对于任何学问、知识、技艺等）知道它的人，不如爱好它的人；爱好它的人，又不如以它为乐的人。

孔子不只是终身学习的倡导者，还是终身学习的践行者。他自小跟着母亲学文化，学礼仪，学交往。"十五而志于学"，到十五岁时已立下了一定要学出一些成就来的志向。到三十岁的时候，在学习上已经很有成就了，那就是所谓的"三十而立"。三十岁以后，他创立了儒家私学，一边是教学，一边是学习。他向社会学，甚至向老农、老圃学习。向身边的一切人学，所谓"三人行，必有我师"。他是当老师的，他也向教育的对象学，有时还谦虚地说自己不如学生。他到处走动，周游鲁国国内，也周游列国，所到之处就是他学习之处。在多贤人的卫国，他与几十个贤人交谈，学习人家的长处。他不断拓展学习领域，五十岁的时候开始学《易》，把《易》书的韦编都翻断了多次。晚年，他的学习劲头更足，《诗》《书》《礼》《乐》《春秋》等经典都是在他的晚年整理出来的。

💧分享讨论：

同学们听了古圣先贤的故事，有什么感想？身处信息时代，社会高速发展，我们更应该树立"终身学习"的理念，强化学习意识，发现学习之乐，不断提高自身素质。

2．**案例分享：从赤脚医生到国之栋梁，李兰娟院士是那个光辉时代的缩影（5分钟）**

无论是个人品格的形成还是学术成就的建立，赤脚医生的这段经历对李兰娟而言都是非常宝贵的。

2020年2月1日，中国工程院院士李兰娟带领团队再度出发，驰援武汉。作为国家卫健委高级别专家组成员，这已经是她近期第二次奔赴武汉防疫前线。

谈及再次的武汉之行，她说，希望把危重症病人救回来。"现在也做好了长期在武汉奋战的准备……至于什么时候回来我自己还没考虑过。"当记者得知73岁高龄的李兰娟院士每天只能睡3个小时，提醒李院士好好保重的时候，她却只是平淡地回答："没有问题，我身体蛮好的"……李兰娟院士的这种令人钦佩的品格与她的人生经历是密不可分的。从赤脚医生、工农兵大学生到国家传染病重点学科带头人，李兰娟一步一个脚印。

1947年9月13日，李兰娟出生在浙江绍兴的一个贫寒农村家庭，父亲患有眼疾，无法劳作，仅靠母亲卖山货供应家人。靠着助学金，她才得以读完了初中，并参加浙江省统一中考，并以优异的成绩被杭州第一中学录取。

多年前的那一幕让李兰娟至今难以忘怀："开学前，妈妈拿出了家里仅有的5元钱让我带到省城去读书。我先到绍兴第一初级中学拿了行李，再到杭州，5元钱已剩下不多了。……老师知道我的困难后立即给予解决，让我先领课本，后来不仅减免了学费，还发助学金让我维持日常生活，我就这样坚持读完了高中。"

高中期间，自幼在农村长大的李兰娟深知乡亲们看病难的问题，萌发了为他们解除病痛的想法。李兰娟拿出仅有的生活费购买一些针灸方面的书籍，到省中医院学起了针灸技术，把人体经络背得滚瓜烂熟。中学毕业后，李兰娟重新回到了家乡夏履桥。她被安排成了中学代课老师。她一边做老师，一边为乡亲们针灸治病，在当地有很好的口碑。

就在这时候，大队组建农村合作医疗站。出于对医学的挚爱和为了能学习到更多的医学知识，李兰娟毅然选择了"赤脚医生"。山村的赤脚医生并不好当，资金有限，设备简陋。为了节省开支，李兰娟自己跑到山上采草药。半年多时间里，李兰娟认识了几十种药材，哪些可以治疗伤寒，哪些可以用来消肿，哪些可以用来敷跌伤，都记得清清楚楚。零成本的草药不仅节省了医疗站的开支，而且效果不错，很多村民的病在喝了李兰娟给煎的草药后康复了。两年赤脚医生生涯，她尽心尽力地为村民服务，全村1 300多个村民，没有一个不认识她。

因为业务能力精湛，深受乡亲们好评，1970年，李兰娟以"赤脚医生"的身份被推荐到浙江医科大学读书。因为成绩优异，李兰娟大学毕业后留校，被分配到浙江大学附属第一医院工作。20世纪80年代，重型肝炎肆虐，病死率高达80%，李兰娟义无反顾地组建团队，投身到肝炎治疗这一难题中。经过10余年的反复探索、实验，1996年，李兰娟及其团队终于创建了"李氏人工肝支持系统（Li-ALS）"，使急性、亚急性重型肝炎治愈好转率从 11.9% 上升到 78.9%，开辟了重型肝炎肝衰竭治疗新途径。有了研究成果，李兰娟并不是像某些人那样急着去国际上发表论文，申请专利，而是从 2001 年起，李兰娟每年举办一次人工肝的推广班，将自己的科研成果、治疗方法无偿教授给全国更多的医生。

学生分享：自己的学习感受。

👤 **教师分享：**

李兰娟院士勤奋工作，以大局为重，让我们感动。我们作为一名中职生，也要学她那种献身医学、努力进取的人生态度，修身练德，日积月累。"活到老，学到老"，亲身实践，李兰娟院士给我们树立了榜样。在今天，终身学习仍不过时，我们要抓紧时间，不断学习，不断进步，不断提升自身水平，心中有祖国，学有所成报效祖国。

3．案例分享：中共中央政治局的集体学习（5分钟）

（图片展示）中国共产党历来高度重视学习问题，始终把学习作为一项关系党的事业兴旺发达的战略任务来抓。中国共产党中央政治局，简称中共中央政治局或中央政治局，是中国共产党的中央领导机构。中央政治局率先垂范，大力推进政治局集体学习的制度化，为全党、全社会做出了表率。2002 年 12 月 26 日，中国共产党第十六届中央政治局开始了第一次集体学习，时任总书记胡锦涛同志主持学习。中央政治局经过讨论认为，为了适应党和国家事业发展的需要，为了更好地承担起党和人民所赋予的重任，我们必须进一步加强学习。除了自学以外，中央政治局还要进行集体学习，这要作为一项制度长期坚持。到 2005 年 8 月 26 日，新一届中央政治局已经举办了 24 次集体学习活动，即平均 40 天举办 1 次学习活动。每次学习活动由两位著名专家主讲（第 4 次集体学习邀请了 3 位专家主讲），这些专家主要来自中央党校、中国社会科学院、军事科学院、中国人民大学等研究机构、党校和高校。

中国共产党第十九届中央政治局集体学习

第一次	2017-10-27	深入学习贯彻党的十九大精神
第二次	2017-12-08	实施国家大数据战略
第三次	2018-01-30	建设现代化经济体系
第四次	2018-02-24	我国宪法和推进全面依法治国
第五次	2018-04-23	《共产党宣言》及其时代意义
第六次	2018-06-29	加强党的政治建设
第七次	2018-07-31	全面停止军队有偿服务
第八次	2018-09-21	实施乡村振兴战略
第九次	2018-10-31	人工智能发展现状和趋势
第十次	2018-11-26	中国历史上的吏治

教师分享：

与以往相比，同学们现在的学习环境学习条件都非常好了，自发学习、提高自身素质的愿望需要提高。在新形势下，信息时代，知识更新速度越来越快，我们每一名同学都要牢固树立学习意识，不断提升自身素质和能力，让学习成为一种习惯。

活动二：急速 60 秒

⊗ **活动道具：** 道具卡片、绳圈。

◉ **活动场地：** 空旷教室。

◔ **活动时间：** 20 分钟。

▣ **活动过程：**

（1）分组，根据学生人数分为 10 人左右一组。

（2）布置任务：在绳圈内有卡片，任务是在 60 秒内，把卡片按照从小到大的顺序交给老师，老师会在绳圈边上从 1 开始喊，同学们可以一张一张交给老师，也可以整理好顺序一起交给老师。

（3）讲解规则：

①绳圈内同一时间内只能有一名同学进入，其他人全部在绳圈外，绳圈内的卡片只有里面的人可以碰触。

②卡片由绳圈外的人交到老师手上，里面的人可以把卡片递出来或者扔出来。

③项目时间 15 分钟，在 15 分钟内，每组有 3 次挑战机会。

（4）老师布置卡片，让参加活动的组离绳圈尽量远一些，防止偷看。

（5）一个组进行的时候，其他组在远处观看，尽量不让其他组看到卡片内容，或者不同组选用不同的卡片道具。

（6）同学分享：你对卡片上的内容都了解吗？你们失败或成功的关键是什么？

教师总结：

方法有时比努力更重要。无论在什么环境、情况、时段中，勤于学习，发现技巧，提高能力都是非常重要的事情。

活动三：经典诵读

◉ **活动场地：** 空旷教室。

◔ **活动时间：** 25 分钟。

▣ **活动过程：**

教师导入：今天我们要进行一场经典诵读——毛主席的《沁园春·雪》。

（1）分组，班级同学分成四组，分组排练，排练时间 5 分钟。

（2）准备完毕后各组同学按照抽签顺序上台展示，小组打分，评出诵读优胜小组。

（3）讨论：诵读《沁园春·雪》有什么样的感受？

教师总结：

学习的重要性，尝试保持乐观积极的心态，采用积极的思维和行动，推动总结学习的习惯形成。

拓展作业

1. 搜集记忆关于学习的经典名言，选取两段写入成长档案。

2. 观看李兰娟的事迹介绍专题片，并把体会写到成长档案中。

第四学期

守护初心 奋斗担当

第二十五节　心向善　拒恶念

设计理念

　　向善拒恶是树立正确的世界观、人生观和价值观的基础。要通过多种途径和方法，引导学生了解善良的内涵，感受善良之美，明确拒绝恶念的必要性。

设计目标

　　通过经典分享和参与体验，培养学生感知善的能力，增强学生积极向善的意识，引导学生深入生活，感受善良，拒绝诱惑，坦然坚定地以善良的方式面对人生。

活动一：话说向善拒恶

　　◎活动时间：20分钟。

　　1．经典导入：人心向善（5分钟）

　　孟子认为，人趋向于善良，就像水向下走一样自然（人性之善也，犹水之就下也），一些人作恶，是因为外部环境迫使的（其势则然也）。"人心向善"出自"礼之所存，人心向善；礼之不存，人心不古"。人心向善就是愿意做对他人有益的事情，它是人内在的最高的道德品质，是一种不折不扣的正能量。

　　小杰是岳阳临湘人，14岁那年父母离异，家庭的变化让他变得更为叛逆。初中还没读完，他就辍学在外游荡，并且在外面交了一帮社会朋友，"我那时觉得我爸妈谁也没资格管我，我就大半年才回家一次。"

　　2012年10月，一个他从小一起长大的朋友，说可怜他，可以介绍给他一份KTV的工作，他和一群人来到KTV，喝醉之后，一个大他两三岁的朋友拿来一支看起来像烟的吸管，让他吸几口："这东西可以醒酒，来两口就舒服了。"小杰并不清楚是冰毒，便接了过来。他从别人嘴里得知并不是什么烟，而是毒品。小杰陷入了沉思……

　　引导语：同学们，如果你是小杰，你会怎么做？

　　学生分享。

教师分享：

有人说，常在河边走，哪有不湿鞋。在形形色色的诱惑下，我们难免不为之心动，导致自己的免疫力降低，最好的办法便是不接触，不沾染。我们如何做好自我保护？当面对诱惑和危险，如何守住善良的初心呢？请同学们带着问题，一起走近方志敏。

2. 案例分享：方志敏最质朴与善良的家国大义（7分钟）

观看视频：《可爱的中国》片段。

善良值得被我们大众歌颂一辈子，当善良上升为一种家国大义，它的意义更加值得我们学习和感悟。

方志敏心存质朴的善良，这是对人民的善良，这是对国家民族的善良。"石可破也，而不可夺坚；丹可磨也，而不可夺赤"。面对敌人高官厚禄的诱惑，方志敏坦言："朝三暮四，没有气节的人，我是不能做的……我不爱爵位！也不爱金钱！"他顽强地领导狱中斗争，教育和团结了一个个革命的同情者。而历史上因守不住清贫而变节背叛者，因耐不住寂寞而一改初衷、半途而废者则不胜枚举。面对生死抉择，方志敏大义凛然地答道："敌人只能砍下我们的头颅，决不能动摇我们的信仰！""我这次最痛苦的，就是失却了为党努力的机会。"

在被关押的6个多月里，方志敏考虑的不是自己，而是党的事业。他利用敌人要他写"供词"的纸和笔，凭着一腔热血，奋笔疾书，写就《我从事革命斗争的略述》《可爱的中国》《清贫》等十余篇近14万字的文著。他希望把"十余年斗争的经验，特别是这次失败的血的教训"贡献于党。他把生命的最后一刻，化作情与血的文字，献给了党和人民，谱写了一曲共产党人的正气歌，留下了一份永远值得后人珍摄的精神财富，真正履行了"我生存一天就要为中国呼喊一天"的铮铮誓言。

同学们，方志敏只是千万个共产党人的缩影，古语云："勇于断者，不随其似；明于分者，不混其施。"中国共产党勇于判断、明于区分、辨是非者，真正做到不"人云亦云"、不"模棱两可"。面对各种诱惑毫不动摇，坚持底线坚守自己的原则。一身正气，两袖清风，不取不义之财，不求苟得之名，时刻牢记为人民服务的宗旨。

教师总结：

今日中国，不仅是中国之中国，而且是亚洲之中国、世界之中国、未来之中国，更多的共产党人仍工作在没有硝烟的"战场"，为国家的强大、发展谱写着可歌可泣的篇章，他们的大爱与大善是中华民族的铁骨脊梁。

3. 案例分享：千人计划——新时代向善的共产党人（8分钟）

图片。2008年12月，中国实施"千人计划"，旨在引进海外高层次人才回国服务。

在安徽合肥科学岛"中科院强磁场科学中心"，有八位响应号召从哈佛医学院回国的博士后，被岛上的人亲切地称为"八剑客"。在他们的带动下，科学岛上已经汇集了三百多位来自不同国家的海归人才。他们扎根在这个远离城市喧嚣、被称为科研"桃花岛"的地方，踏实工作，赶超世界前沿，将自己的职业成就，同祖国的发展、人民的需要，紧紧地绑定在了一起。

当初国际著名地球物理学家，国家"千人计划"特聘专家、优秀共产党党员黄大年也说过："多数人选择落叶归根，高端科技人才在果实累累的时候回来更能发挥价值。现在正是国家最需要我们的时候，我们这批人应该带着经验、技术、想法和追求回来。"话语不长，却字字心声。黄大年同志是著名地球物理学家，生前担任吉林大学教授、博士生导师。2009 年，他响应国家"千人计划"回国。他刻苦钻研、勇于创新，取得一系列重大科技成果，为深地资源探测和国防安全建设做出了突出贡献。2017 年 1 月 8 日，黄大年同志因病不幸去世，年仅 58 岁。

无数的共产党人，把爱国之情、报国之志融入祖国改革发展的伟大事业之中，融入人民创造历史的伟大奋斗之中。这既是对黄大年同志先进事迹的充分肯定，也是对当代中共党员的殷切期望和严格要求。千万个共产党人，具有"国家至上、民族至上、人民至上"的家国情怀，在平常的工作生活中，做一朵小小的浪花，充分发挥党员先锋的模范作用和带头作用，走在社会主义现代化建设滚滚洪流的潮头浪尖，以自身的实际行动，推动历史向前发展，推动中国全面建成小康社会，实现"两个一百年的伟大目标"。

引导语：亲爱的同学们，当我们面临诱惑，让我们这样做！

学生齐声朗读：

> 面对诱惑，坚持自我！
>
> 坚守内心，征服诱惑！

引导语：亲爱的同学们，守住善良的初心，让我们这样做！

学生齐声朗读：

> 不以善小而不为，不以恶小而为之！
>
> 做一个善良的人，为人类去谋幸福。

引导语：亲爱的同学们，做一个新时代的中职生，让我们这样做！

学生齐声朗读：

> 恶人远相离，善者近相知！
>
> 抵制诱惑，成就人生！

活动二：勇敢说"不"

✪ **活动道具：**情景卡片。

🌐 **活动场地：**空旷教室。

🕐 **活动时间：**15 分钟。

活动过程：

（1）将同学分为 2 人一组，面对面站好。

（2）老师选择《勇敢说"不"》情景卡片中的任意一张，将卡片内容读给同学，然后宣布规则：现在两人一组，由一个同学扮演被请求者，请求者可以自由扩充理由，尽力说服被请求者答应自己的请求，而被请求者必须想办法拒绝请求者的请求。

（3）两分钟后，角色互换，重复前面的角色扮演。

（4）继续抽取卡片进行活动。

（5）同学分享：现实生活中有哪些不好的诱惑曾经在你身边，你是怎样拒绝的？说"不"的时候难不难？

教师总结：

在与朋友、同学相处时，对于他们一些不正确的观点、要求、行为等，我们应该断然拒绝。拒绝诱惑，勇敢说"不"是对自己的良好保护。

活动三：出谋划策

活动道具：情景卡片。

活动场地：空旷教室。

活动时间：25 分钟。

活动过程：

（1）将全班同学分为 6 组。

（2）老师出示 6 张情景卡片，各组推选一名代表抽取一张卡片。然后教师宣布规则：每张卡片上列举了生活中遇到的一种情况以及处理这种情况的三种做法，每组同学将卡片上的情况和三种处理方法表演出来，其他同学要根据表演选择出你认为最合适的处理方法，并说出理由。

（4）各组学生根据卡片内容开始准备表演，准备时间 5 分钟，教师巡视观察学生准备情况。

（5）准备完毕后各组同学按照抽签顺序上台展示，其他组根据表演选择出自己认为最合适的处理方法，并分享选择的理由。

分享讨论：

在每一组结束后，教师要引导学生思考每一种情形哪一种处理方式是最合适的，并分析理由，其他几种处理方式潜在的危险在哪里？引导学生学会恰当的自我保护方法。

教师总结：

在现实生活当中，当遇到类似上述情形时，我们不能冲动，盲目说"不"，要讲究自我保护的方式方法和技巧，避免危险情形发生。

🎤 **课堂小结：**

今天我们就"心向善，拒恶念"这个话题一起进行了分享，希望大家在现实生活中要增强积极向善的意识，拒绝诱惑，勇敢说"不"，学会自我保护，远离垃圾人，坦然坚定地善待人生，树立正确的世界观、人生观和价值观。

拓展作业

1. 观看《信仰者》《任长霞》等影视剧，搜索关于方志敏、任长霞等共产党人的介绍，感受他们心向善、拒恶念的人格魅力。

2. 搜索名言，如：做一个善良的人，为人类去谋幸福——（俄罗斯）高尔基；善是精神世界的阳光——（法）雨果；人而好善，福虽未至，祸其远矣——曾子，把感悟体会写到个人成长档案中。

附：

情景卡片

▶卡片一：假设你独自一人在家，这时有人敲门，来人自称是检查天然气的，要求你开门。你怎么办？

　　A. 直接开门。

　　B. 要求其出示证件，在猫眼中查看，然后判断是否开门。

　　C. 告知来人将门反锁，开不开门，以后再来查看。

▶卡片二：在你放学回家的路上遇到抢劫，你将怎样做？

　　A. 和其抗争到底。

　　B. 将财物给他，劫匪离开后报警。

　　C. 稳住劫匪，巧妙周旋，选择恰当时机报警。

▶卡片三：在拥挤的公共汽车上，有陌生人故意碰你，对你有非礼行为，这时你该如何应对？

　　A. 当场揭穿，与其对峙。

　　B. 不搭理他，走开。

　　C. 要求停车，选择报警。

▶卡片四：和你聊了很久的网友邀请你到他的城市见面，你怎样处理？

　　A. 按照约定赴约。

　　B. 委婉拒绝。

　　C. 继续保持网上聊天。

▶卡片五：暑假，你的初中同学给你打电话说给你介绍一个挣钱多的地方打工，你怎样处理？

A．因为是同学，觉得没有问题，自己去找他。

B．委婉拒绝。

C．告知家人，和家人一起去查看，根据情况确定。

▶卡片六：你的好朋友过生日，在生日宴上，同学们都在吃一种类似巧克力的糖果，所有的同学都说吃上很兴奋，很刺激，给你尝一尝，你怎么办？

A．直接吃一颗。

B．委婉拒绝。

C．先试探性吃一点点，没有问题再吃。

第二十六节　知敬畏　守法度

设计理念

遵纪守法，对法纪常怀敬畏之心，是对公民的基本要求。对中职生进行知法、守法教育是学校教育的基本内容。

设计目标

通过体验活动，增强学生法纪观念，树立守法意识，做知法守法的公民。

活动一：话说法度

活动时间： 20 分钟。

1. 经典分享：儆戒无虞，罔失法度（3 分钟）

法度，指法令制度，行为的准则。中华上下五千年，历朝历代都尊崇法度，也有许多关于敬畏法律，遵守法度的典故。《尚书·禹谟》中说道："儆戒无虞，罔失法度。"意思是：警戒不要失误，不要放弃法度。做人不要优游于逸豫，不要放恣于安乐。近代文学家、翻译家林纾，他用一腔爱国热血挥就了百余篇针砭时弊的文章，他曾说过：守法度，有高出法度外之眼光；循法度，有超出法度外之道力。不管生活在哪个时代，遵纪守法，对法纪常怀敬畏之心，是对民众的基本要求。同学们身边有没有不遵守校规校纪、国家法规纪纪的人和事呢？

学生分享感受。

教师分享：

希望同学们提高遵规守纪意识，对法纪常怀敬畏之心，做遵纪守法的公民。

2. 案例分享：葛振林大义灭亲守法度（7 分钟）

"狼牙山五壮士"的故事尽人皆知，1941 年，在河北省易县狼牙山阻击日军的战斗中，马宝玉、胡德林、胡福才、葛振林、宋学义五人面对前面是悬崖、后面是日军的困境，他们宁死不屈，手拉手纵身跳下了万丈悬崖，令人肃然起敬！

不过狼牙山五壮士并没有全部牺牲，葛振林和宋学义幸运地挂在了树上死里逃生、幸免于难。两人伤愈后迅速归队、继续参战。1945年，日军终于被赶出了中华大地，而葛振林又先后参加了解放战争和抗美援朝战争，立下了赫赫战功，他全身六处负伤，是三等甲级伤残，后来他被授予少校军衔，在湖南担任多个职务。

葛老一共有四个儿子，20世纪90年代，三子葛拥宪染上了毒瘾，他竟然偷父亲的"红旗勋章"卖钱换毒品，葛老知道后大发雷霆，他恨铁不成钢，主动向派出所举报，派出所担心影响葛老的形象，只是对葛拥宪进行批评教育。葛老却"不依不饶"，他说我算什么呀，我儿子就是个普通公民，他现在吸毒是犯罪，犯了罪就应该得到惩罚，为什么要顾惜我这张老脸呢？老爷子拄着拐杖向市公安局申请将自己的儿子劳教强制戒毒，真可谓是大义灭亲，令人敬佩！

学生分享感受。

教师分享：

遵纪守法是每个公民应尽的义务，人人守法纪，凡事依法纪，社会才会安宁，经济才会发展。葛振林大义灭亲守法度，为我们树立表率和榜样。

3. 案例分享：中央全面从严治党（10分钟）

2014年10月8日，习近平总书记在党的群众路线教育实践活动总结大会讲话中首提"全面推进从严治党"。2014年12月，习近平总书记在江苏调研时强调："协调推进全面建成小康社会、全面深化改革、全面推进依法治国、全面从严治党，推动改革开放和社会主义现代化建设迈上新台阶"，将全面从严治党作为"四个全面"战略布局的重要组成部分，提升到一个全新的战略高度。党的十八届六中全会专题研究全面从严治党重大问题，充分展现了党中央坚定不移推进全面从严治党的决心和信心。截至2018年10月底，全国累计查处违反中央八项规定精神问题254 808起，处理349 552人，给予党纪政务处分206 428人。被处理党员干部中，有25人为省部级，3 374人为地厅级，28 532人为县处级，317 621人为乡科级。

经过几年努力，全面从严治党取得显著成效，党内正气在上升，党风在好转，社会风气在上扬。这些变化，是全面深刻的变化、影响深远的变化、鼓舞人心的变化，为党和国家事业发展积聚了强大正能量。这充分表明，党中央做出全面从严治党的战略抉择是完全正确的，是深得党心民心的。

教师总结：

人们在法律面前，任何时候、任何情况下，都要保持一份清醒，紧绷守法这根弦，不去碰撞这条红线，不去触犯它的底线，时时处处用法律法规约束自己的行为。当我们对法律和制度有了一颗敬畏之心，以及在日常生活中对法律的尊重和坚守，则会将法律成为自觉遵守的原动力。

活动二：云参观看守所（戒毒所）

🔘 **活动场地**：多媒体教室。

🕐 **活动时间**：10分钟。

▣ **活动过程**：

教师导入：今天老师要带领大家云参观看守所。

（1）通过观看警示教育展板和教育短片，使每位同学深刻地感受到监狱高墙内外的强烈反差。

（2）通过这样"零距离"的警示教育，目的是让同学们从反面案例中吸取经验教训，真正从内心深处警醒自己，增强法纪观念，树立守法意识，做知法守法的公民。

（3）带着任务参观，参观结束后，利用晚自习时间写一篇300字的体会。

活动三：模拟法庭

✖ **活动道具**：法官、被告、原告、观众、法警等标识牌各若干、彩色便利贴、5个典型法律案例卡片（卡片后面有相关法律条文）。

🔘 **活动场地**：空旷教室。

🕐 **活动时间**：40分钟。

▣ **活动过程**：

（1）教师导入：今天我们进行的活动是"模拟法庭"。

（2）分组，将同学们分为6~8人一组，小组内分工，选出三名法官，一名原告，一名被告，一名法警，其他同学作为观众。

（3）各小组排一名代表抽签，决定审判的刑事或民事法律案例。小组同学在10分钟内完成案例的审判彩排。

（4）10分钟后各小组进行"模拟法庭"法律案例的审判展示，每组限时5分钟。其他小组成员分别对展示组进行评判。所有小组展示结束后，学生根据自己的评判，为自己认为优胜的小组粘贴便利贴，获得便利贴最多的小组为优胜小组。

（5）讨论分享：优胜小组成员发表获奖感言，在设计制作过程中你们付出了什么？其他小组分享自己组设计"模拟法庭"的不足之处。

附：法律案例

▶ **案例一**

小孔、小建与小鲁、小刘等人在某中学上学期间，因琐事发生纠纷。小孔向大东和小张提议购买刀具报复小鲁等人，三人购买刀具六把。买完刀后小孔分别给小鲁和小刘打电话约架。后小孔和大东伙同小张和小孙持刀与小建纠集的三十余人持棍、棒等共同来到某立交桥下,在桥两侧分头等待小鲁等人前来殴斗。小鲁、小刘也纠集多人持棍、棒到达,双方互相持械殴斗。其间多人受伤,轻重程度不等。

(法官说法:本案中的参与斗殴者大都已经成年,小孔和大东是未成年人。小孔、大东在公共场所纠集多人持械斗殴,二人的行为均已构成聚众斗殴罪,且小孔系首要分子,大东系积极参加者,依法均应予惩处。小孔与大东最终以聚众斗殴罪被分别判处刑事处罚。)

▶ **案例二**

小毛和小夏两人均为某职业高中学生,一天,两人在小毛家喝了酒后遇到了大明。因小毛跟大明有矛盾,二人持铁管殴打大明的头部等部位,持续追打致使大明死亡。二人畏罪,将受害人掩埋。

(法官说法:小毛和小夏两人故意非法剥夺他人生命,致人死亡,其行为均已构成故意杀人罪,犯罪性质恶劣、情节、后果特别严重,依法均应予惩处。小毛和小夏分别以故意杀人罪被判处刑罚。)

▶ **案例三**

小贝因为交女朋友的事与小万产生矛盾,欲报复小万,遂找到平时交情好的"小哥们"小苏等人要教训小万一顿。小苏等人平时在学校号称"好汉帮",听到小贝的提议后,当即表示要和小贝一起去,顺便从小万身上要点儿钱。当天他们把小万叫出学校,带到一个楼下,用拳击打小万脸部,并要小万拿一百块钱。小万说没有钱,小苏等便又对小万头部和身上一顿拳打脚踢,造成小万受伤。

(法官说法:法院经过审理认为,小苏、小超、小年、小贝等结伙滋事,随意殴打他人并强索他人财物,情节恶劣,其行为均已构成寻衅滋事罪,依法应予惩处。根据法律规定,对该四人依法分别判处不同刑罚。)

▶ **案例四**

被告人张某某(17周岁)伙同他人分别于2015年12月24日、2016年7月1日凌晨,窜至某超市,盗窃中华、软极品芙蓉王等品牌香烟共计人民币16 244.1元。后二人将所盗赃物予以均分,分别销赃后将赃款予以挥霍。

(法官说法:被告人张某某以非法占有为目的,盗窃被害人数额较大的财物,其行为已构成盗窃罪。被告人张某某在实施犯罪行为时已满16周岁未满18周岁,应依法从轻或减轻处罚;其归案后及法庭审理中均能如实供述自己的罪行,认罪态度较好,可以对被告人张某某从轻处罚。依照刑法相关规定,判定被告人张某某犯盗窃罪,判处有期徒刑六个月,并处罚金人民币二千元。)

▶ **案例五**

16岁的沈某是某酒店员工。因嫌自己的收入不够花销,就与朋友王某预谋"抢几个钱花花"。2006年3月6日18时许,被告人沈某伙同王某窜至某菜市场处,将路经此处的职校学生陈某、安某拦住，采取殴打、语言威胁等手段，实施抢劫。但两人衣服口袋里只有8毛钱，沈某、王某二人不甘心，又继续殴打、搜身，后陈某、安某趁沈某不备逃跑。受害人报案后，沈某、王某被抓获归案。

（法官说法：沈某的行为构成抢劫罪，鉴于其系未成年、初犯、认罪态度好等情节，依法减轻处罚，沈某被判处有期徒刑一年缓刑二年，并处罚金八千元。）

教师总结：

国有国法，家有家规，校有校纪，敬畏法律，牢固树立法律至上的意识，重在一个"有所畏"。当然，这个"有所畏"，不是简单的惧怕与怯懦，而是一种自律，是自觉自愿把自己的"任性""嗜好"，牢牢关进法律法规的铁笼子。敬畏法律，遵纪守法，严以律己，从我做起。

拓展作业

1. 参观看守所以后，写一篇300字以上的观后感充实到个人成长档案。
2. 搜集关于"遵纪守法"的经典语句，写到个人成长档案里。

第二十七节　敬职业　做工匠

设计理念

通过学习工匠精神榜样，我们应当懂得只有做到爱岗敬业，才能实现职业梦想，才能在最大意义上实现自我价值。

设计目标

树立学生的正确的世界观、人生观和价值观，培养学生技能提升的意识，增强爱岗敬业的精神，并在今后学习工作中将"工匠精神"作为一种信念，付诸实际行动。

活动一：话说工匠精神

◎活动时间：20分钟。

1．案例分享导入话题（5分钟）

（展示图片＋文字）从学生身边的榜样说起，如学前教育专业学生小杨同学，连续三年参加技能大赛，锲而不舍、精益求精、苦练专业，终于获得烟台市中职生技能大赛一等奖，并申报"齐鲁工匠"培养对象。结合学生所学知识提出2～3个问题，引导学生思考相关内容，引出主题：敬职业，做工匠。如：小杨同学获得如此优异成绩，她是怎样做到的？她的做法有哪些方面值得我们学习？

学生分享。

教师分享：

中国早就有"艺痴者技必良"的说法。古代工匠大多穷其一生只专注于做一件事，或几件内容相近的事情，专注于专业、专注于职业（敬职业），做大国工匠。"工匠精神"落在个人层面，就是专注、敬业、精益求精的精神。很多专业突出技术精湛的职校生，就是专注于专业训练，内心笃定，凭着坚持与执着的精神取得了个人的成长。古人所说的"如切如磋，如琢如磨""庖丁解牛，技进乎道""天下大事，必作于细"等都是对工匠精神的推崇。正是千千万万个追求精湛技艺又充满奉献精神与济世情怀的工匠们，以他们的敬业、勤奋、执着和创造精神，缔造了灿烂辉煌的中华文明。

2．案例分享：大国工匠徐立平（7分钟）

教师导入：人生最好的时光是在为信仰和理想而奋斗，而对打造国之重器的军工匠人来说，他们最好的时光又是什么？九三阅兵，当一批国产武器装备精彩亮相时，无数国人为之震撼。徐立平，中国航天科技集团公司第四研究院7416厂员工。自1987年入厂，一直为导弹固体燃料发动机的火药进行微整形。28年来，他甘于寂寞，冒着巨大的危险雕刻火药，被人们誉为"大国工匠"。请同学们看视频思考，徐立平，一个普通岗位的职工是如何成为"大国工匠"的？

（1）看视频：《勇者无畏匠心报国》。

展示"大国工匠技校毕业生徐立平在平凡的岗位上做出突出贡献的事迹"。学生学习"普通技工学校毕业生也可以练出一身绝活，做个能工巧匠，同样无愧于时代，无愧于国家的培养"的实例。

（2）学生分组讨论：

为什么徐立平等能成为大国工匠？我们有没有可能成为一名工匠？如果想成为工匠，应该怎么去做？从优秀榜样身上你看到了怎样的前进方向？

（3）教师总结分享：

每一个岗位都能创造传奇，每一个岗位都能成就梦想，每一个岗位都能实现价值。成为"大国工匠"，爱岗敬业是基础，专注刻苦是关键，卓越创新是升华，"干一行、爱一行、钻一行、精一行"正是爱岗敬业精神的体现。30年来徐立平只用心做一件事：对发动机药面进行微整形，满足导弹飞行的各种复杂要求，这个工作极为危险，丝毫之差，就会灰飞烟灭，生命时刻悬于刀锋，这份工作却被徐立平干出了巧夺天工的境界，因其精湛技艺、敬业态度被赞誉为"雕刻火药的大国工匠"。

3．案例分享：航天人匠心筑梦（8分钟）

教师导入："点亮一盏灯，照亮一大片"，榜样就像是一盏盏明灯，中国航天人在平凡的岗位上，践行社会主义核心价值观，踏踏实实，刻苦钻研，以精湛技能实现自我价值，并甘为人梯，凭借自身的专业能力、工匠精神，带动身边人，创造了一个又一个的辉煌。让我们一起领略中国航天事业的风采。

（1）看视频《中国航天发展史回首》。

展示中国航天事业成就，引导学生树立一种健康的现代职业、专业观念。

（2）学生分组讨论：

为什么我国航天事业获得如此大的成就？作为一名职业学校的学生，应该如何践行"工匠精神"？

（3）教师总结分享：

大国工匠精神的铸造，需要有千千万万爱岗敬业者的强力支撑，我国航天事业就是一代又一代航天人数十年如一日艰辛奋斗，默默奉献，把个人奋斗融入国家崛起，把个人梦想融入中国梦，用工匠精神谱写出了航天强国新篇章。

活动二：手指操

✖ **活动道具：** 无。

🌐 **活动场地：** 空旷教室。

🕐 **活动时间：** 20分钟。

📋 **活动过程：**

教师导入：爱岗敬业是工匠精神的力量源泉，精益求精是工匠精神最为称赞之处，具备工匠精神的人，对工艺品质有着不懈追求。他们以严谨的态度，规范地完成好每一道工艺，小到一支钢笔、大到一架飞机，每一个零件、每一道工序、每一次组装，无不凝聚着他们的智慧和汗水。

（1）俗话说："十指连心，心灵手巧"，心主神志，手的动作与人的思维有着极为重要和密切的关系。在专业学习活动中，经常做做健脑手指操可以增强注意力，提高脑、手综合协调能力，提升创造力。下面我们跟随视频，一起做一个热身《手指操》。

（2）学生排队报数分成六组。

（3）教师交待游戏规则：

①教师准备好手指操视频，讲解手指操动作要领：

第一节：布锤互换；

第二节：锤剪互换；

第三节：剪布互换；

第四节：六八互换；

第五节：OV互换。

②教师公布评分规则：共五节，每一节20分，组内成员能全部熟练准确做完五节动作，为满分100分。

③学生分小组跟随视频学做《手指操》，注意动作的规范性。

④学生分组轮流上台展示《手指操》，其他组观摩并点评打分。

（4）游戏的评比：选出手指操分数最高的组为"优秀表现组"。

🌐 **分享讨论：**

在刚才活动中××组同学为什么做得如此出色？现在我们来采访这个小组的同学，让他们分享一下他们成功的秘诀。（学生发言）下面让我们用热烈的掌声祝贺"优秀表现组"获得成功。

教师总结：

在本轮手指操活动中，同学们都积极参与，在这个过程中，我看到各组一直在认真练习每一个动作，力求动作规范、完美！我们有理由相信：最终的胜利，始终属于一丝不苟、坚持不懈的人。

活动三：技能大比拼

❀ **活动道具：** 各专业适合的实训器材。

◉ **活动场地：** 空旷教室。

◉ **活动时间：** 20分钟。

◉ **活动过程：**

（1）教师导入：干事业需要敬业精神。人们常说"没有金刚钻，别揽瓷器活"，怎么获得"金刚钻"？这就需要勤学苦练。掌握本领，正所谓"业精于勤"。这就需要我们在平日的专业学习中发扬持之以恒精神，对自己的专业抱有极大的兴趣。下面我们来进行专业大比拼。

（2）每组选派代表进行专业学习阶段性展示，可以是单独展示也可以是集体展示，每组展示两个项目。

（3）每位同学发放一张心形便利贴，到刊板上投票，评选出六位技能标兵，并发放"技能标兵"证书。

（4）老师邀请获奖同学分享交流。（根据时间决定请几位同学发言）如：你是如何获得今天的成绩的？内心有什么感受？今天的表现对你未来有什么样的帮助？

教师分享：

择一事、终一生，简单的事情重复做，重复的事情精致做，必将做到极致、做出境界。心心在一艺，其艺必工。希望同学们脚踏实地，潜心钻研，打磨一技之长，修炼爱岗敬业、精益求精的职业素养，用优秀的品格、扎实的行动、过硬的本领创造自己精彩的人生。

教师总结：

同学们，我们青年是祖国的未来和希望，青年强则国家强，青年树立工匠精神，则国家实力才可彰显，让我们做好"敬职业，做工匠"的接力，为实现中华民族伟大复兴的中国梦做出应有的贡献。

拓展作业

1. 搜集1～2个古往今来中国匠人事例讲给同学听。

2. 观看中央电视台大型栏目《大国工匠》，学习中国匠人爱岗敬业的精神，每人写出感悟一份，放入个人成长档案。

第二十八节 勇担责 尽本分

设计理念

少年强则国强，少年弱则国弱。少年乃国家强盛的基础。了解担当就是责任，是起码的职业要求，认识担当是作为以爱国主义为核心的民族精神的重要内容。

设计目标

通过本节课的学习和拓展活动，让学生树立担当意识，培养尽职尽责的良好行为习惯。真正意识到学生每个个体都应为集体的荣誉、国家的兴盛付出自己的担当。

活动一：话说担当

◎活动时间：20分钟。

1. 经典分享：梁启超《少年中国说》（6分钟）

节选梁启超的《少年中国说》经典语句导入，结合学生实际提出2～3个问题，引导学生反思自己。

少年智则国智，少年富则国富；少年强则国强，少年独立则国独立；少年自由则国自由；少年进步则国进步；少年胜于欧洲，则国胜于欧洲；少年雄于地球，则国雄于地球。

同学们，读了这段话，你有什么体会呢？

学生意见分享。

🗣 教师分享：

是的，少年是祖国的未来，祖国建设的重担就落在你们的肩上，这是你们应承担的责任，更是你们这一代人的本分。下面请同学们再思考一个问题：平时老师分配你的工作（比如卫生区、实训室等），你是否都认真地完成了呢？

学生意见分享。

🐢 教师总结：

平时清理卫生时，个别同学躲到宿舍里玩手机，这种行为对吗？习近平总书记强调："讲认真是我们党的根本工作态度，必须做到无私无畏、敢于担当，把认真精神体现到党内生活和干事创业方方面面。"担当是一种高尚的道德品质，更是一种崇高的精神境界。责任就意味着尽心尽责干事。担当不是一般化地履职尽责，更不是应付差事、敷衍塞责、得过且过，而是对工作任劳任怨、尽心竭力。

2．案例分享：敢医敢言的钟南山（7分钟）

同学们，有否听说过"非典"呢？听说过钟南山这个名字吗？

学生分享。

钟南山，男，汉族，中共党员，1936年10月生，福建厦门人，中国工程院院士，著名呼吸病学专家，中国抗击非典型肺炎的领军人物，曾任广州医学院院长、党委书记，广州市呼吸疾病研究所所长、广州呼吸疾病国家重点实验室主任、广州医科大学附属第一医院国家呼吸系统疾病临床医学研究中心主任、广东省老年科学技术工作者协会会长。

钟南山出生于医学世家；1960年毕业于北京医学院（今北京大学医学部）；2007年获英国爱丁堡大学荣誉博士；2007年10月任呼吸疾病国家重点实验室主任；2014年获香港中文大学荣誉理学博士。

钟南山长期从事呼吸内科的医疗、教学、科研工作。重点开展哮喘，慢阻肺疾病，呼吸衰竭和呼吸系统常见疾病的规范化诊疗、疑难病、少见病和呼吸危重症监护与救治等方面的研究。

当致命的疫病袭来时，钟南山毅然挑起重担，站到了抗击病魔的第一线。当有关部门宣布"非典"疫情得到有效控制的时候，钟院士站出来说：疫情是得到有效遏制而不是控制，本身的病原搞不清楚，传播途径搞不清楚，疫情怎么能得到有效控制呢？现在病情是得到了很大程度的遏制。而当民众谈"非"色变时，钟南山又一直呼吁大家用正确的态度来对待。从2002年底开始，钟南山这个名字就与非典型肺炎联系在一起，他曾经抢救病人，开会研究病情……一连38小时没合过眼！作为广东省非典型肺炎医疗专家组组长，他参与会诊了第一批非典型肺炎病人，并将这种不明原因的肺炎命名为非典型肺炎，逐步摸索出一套行之有效的治疗方案，大大提高了危重病人的成功抢救率，降低了死亡率，而且，明显缩短了病人的治疗时间。他主持起草了《广东省非典型肺炎病例临床诊断标准》，并提倡国内国际协作，共同攻克SARS难关。作为一名中国工程院的院士，从接触第一例非典病例开始，67岁的钟南山就以一个具有高度责任感的战士形象出现在民众和媒体面前。

2020年的新型冠状病毒性肺炎防疫，84岁高龄的钟老再次冲上"抗疫"战场，再次展示了一名"国士"医生的担当。（部分媒体评价）

请同学们思考一个问题：作为一个医生，他的本职工作是什么？

学生意见分享。

教师分享：

治病救人是一个医生的本职工作。在抗击"非典"的过程中，钟南山院士不顾生命危险救治危重病人，奔赴疫区指导医疗救治工作，他尽到了一个医生的本分。当有关部门宣布"非典"疫情得到有效控制的时候，钟院士勇敢地站出来加以纠正；而当民众谈"非"色变时，钟南山又一直呼吁大家用正确的态度来对待。这更是一个医者勇于担当的表现，这种担当值得我们好好学习。

3. **案例分享：百团大战——振奋了全国人民争取抗战胜利的信心（7分钟）**

百团大战，是抗日战争时期，八路军在华北敌后发动的一次大规模进攻和反"扫荡"的战役，由于参战兵力达105个团，故称"百团大战"。百团大战是抗日战争相持阶段八路军在华北地区发动的一次规模最大、持续时间最长的战役。

百团大战分为3个阶段。1940年8月20日至1940年9月10日为第一阶段，中心任务是摧毁正太路交通。1940年9月22日至1940年10月上旬为第二阶段，主要任务是继续破坏日军的交通线，并摧毁日军深入抗日根据地的主要据点。1940年10月上旬到1941年1月24日为第三阶段，主要任务是反击日军的报复性"扫荡"。

参战兵力达105个团，时间跨度从1940年8月20日到1941年1月24日，你知道为什么要发动这样一次规模大、持续时间长的战役吗？

1939年冬日本全面加强对中国的经济封锁、军事进攻和政治诱降，给抗战增加了很大的困难，而国民党内一些人更加动摇，妥协投降危机空前严重（1939年底至1940年春，国民党在华北挑起第一次反共高潮，向山西的新四军和八路军发动大规模军事进攻）。

为克服这一严重危机，中共中央在1940年7月7日发表的《中共中央为抗战三周年纪念对时局宣言》中指出：日本"企图用封锁我国际交通线，向我正面进攻及举行天空轰炸等加重压力与加重困难的办法，达到其分裂中国内部，逼迫中国投降之目的"，"现在是中国空前投降危险与空前抗战困难的时期"，号召"全国应该加紧团结起来，克服这种危险与困难"。于是，八路军总部决定把酝酿成熟的破袭正太路设想付诸实施，出击敌后交通线，给敌华北方面军以有力打击，粉碎日本的企图，以利全国局势好转。

抗战空前困难时期，八路军发动了百团大战，这是我们共产党人的担当。据八路军总部1940年12月10日的统计，百团大战仅前三个半月期间，进行大小战斗共1 824次，重击了日伪军的反动气焰，有力地配合了国民党军正面战场的作战，极大地振奋了全国的抗战信心。

教师总结：

中国共产党自诞生之日起，就勇敢担当起带领中国人民创造幸福生活，实现中华民族伟大复兴的历史使命。勇于担当，担负时代使命。习近平总书记指出："党员干部要有担当，有多大担当才能干多大事业，尽多大责任才会有多大成就。"为中国人民谋幸福、为中华民族谋复兴，是中国共产党人的初心和使命。树立敢于奉献、敢于担当精神。"先天下之忧而忧，后天下之乐而乐。"担当是一种责任，是一种品格，更是一种境界。每一代人都有使命，每一代人都需要担当。作为新时期的年轻人，要肩负起中华民族复兴的使命担当，向榜样学习，向先进看齐，牢固树立敢于奉献、敢于担当的精神，从担当出头绩、以担当求作为、从担当看作风。在人生路上不会总是一帆风顺的，无惧风雨、劈波斩浪、勇往直前，做时代的弄潮儿。在日常的学习生活中，要不怕苦、不怕累，积极主动，遇到困难，不要退缩，敢于挑战，竭尽所能解决问题，才是我们成长之路的必然选择。

活动二：抛气球

◆ **活动道具：** 气球。

◆ **活动场地：** 空旷教室或操场。

◆ **活动时间：** 20分钟。

◆ **活动过程：**

（1）每位同学手中拿着一个气球，8人一组围成一个圈，当听到"1"时，这个组内就有一个气球被抛出去，全组学生要保证这个气球停留在空中，不能落地；当听到"2"时，抛出2个气球，同样也不能落地，以此类推。

（2）给小组成员1分钟的时间进行商量，然后进行第一轮。

（3）待小组进行完第一轮，请小组成员就以下问题进行讨论：

是什么因素导致气球落地？

应该怎么做才不会让气球落地？

（4）每组讨论出不让气球落地的方案，组长将组员的意见汇总，组内派代表发言。

（5）每组按讨论出来的方案进行第二轮。

（6）小组成员谈体会。

◆ **教师总结：**

每个人管好自己的气球，就不会变得一片混乱。每一个人承担自己的那一份责任、坚守岗位、做好自己分内的事，就能让事情变得有序而顺利。做好分内的事其实就是一种责任感的体现，它是让你走向成功的最基本素养。

活动三：我错了

◆ **活动道具：** 无。

◆ **活动场地：** 空旷教室。

◆ **活动时间：** 20分钟。

●活动过程：

（1）游戏规则：

①参加的人排成一列。

②老师让学生按照以下指令做出相应的动作：喊"1"时向左转，喊"2"时向右转，喊"3"时向后转，喊"4"时向前跨一步，喊"5"时原地不动。

③当有人做错时，做错的人要主动走出队列，站到大家面前先鞠一躬，然后大声地说："对不起，在游戏中我做错了！"

④所有做错的同学最后要接受"惩罚"。

（2）老师请同学根据以下问题进行分享：

①当你做错的时候，你是怎么想的？

②当你看到别人做错的时候，你又是怎么想的？

（3）在惩罚做错的同学之前，询问同学是否愿意接受惩罚，愿意的人留下，不愿意的人回到队伍里。最后的"惩罚"是接受同学们的掌声。

◆教师总结：

我们的"惩罚"为什么是掌声呢？因为愿意为错误承担责任的人才是真正有责任心的人、是值得我们肯定的人。让我们一起来祝贺愿意留下来接受惩罚的同学，祝贺他们已经学会了为自己的行为承担后果！同样也祝贺没有犯错的同学，因为他们学会了认真对待自己的任务，这也是有责任感的表现。

（如果班级里有不愿意接受惩罚的同学没有得到掌声，此时他们可能会比较尴尬，这时老师需要强调这只是个游戏。再联系现实生活，鼓励大家为自己的错误承担责任。）

一个有责任心的人，首先应该能做好自己分内的事，当自己犯错时，能勇敢地承认并且承担错误带来的后果。希望大家在生活中能成为有责任感的人，将责任两个字铭刻在心。

拓展作业

1. 收集敢于担当的名言并背诵。

2. 观看电视剧《百团大战》，并撰写个人心得体会，放入个人成长档案。

第二十九节　讲诚信　天地阔

设计理念

　　诚信是社会主义核心价值观公民个人层面的基本道德要求，帮助学生了解诚信的内涵、认识诚信的基本要求是学校教育的重要内容。

设计目标

　　通过经典分享、榜样带动和参与体验，培养学生为人处世与社会生活的能力以及明辨是非的能力，引导学生践约守信，诚实做人。增强对他人、对社会的责任感，树立正确的为人处世态度和守信为荣、失信可耻的道德观念，大力弘扬中华诚实守信美德。

活动一：话说诚信

　　活动时间：20分钟。

　　1.经典分享："民无信不立"（6分钟）

　　《论语·颜渊》中有这样一段：

　　子贡问政。子曰："足食，足兵，民信之矣。"子贡曰："必不得已而去，于斯三者何先？"曰："去兵。"子贡曰："必不得已而去。于斯二者何先？"曰："去食。自古皆有死，民无信不立。"

　　意思是：子贡问怎样治理国家。孔子说："使粮食充足，使军备充足，老百姓信任执政者。"子贡说："如果不得不去掉一项，那么在三项中会先去掉哪一项呢？"孔子说："去掉军备。"子贡说："如果不得不再去掉一项，那么这两项中去掉哪一项呢？"孔子说："去掉粮食。自古以来人总是要死的，如果老百姓对统治者不信任，那么这个国家就不能存在下去了。"

　　诚信是一个道德范畴，是公民的第二个"身份证"，是日常行为的诚实和正式交流的信用的合称。即待人处事真诚、老实、讲信誉，言必信、行必果，一言九鼎，一诺千金。"诚"，是儒家为人之道的中心思想，我们立身处世，当以诚信为本。诚信，这关系着一个人的生活、学习、工作等等，一个人如果失去了诚信，将在社会上没有立足之地。

　　老师要和大家交流的问题是：同学知道自己身边有哪些讲诚信的事例吗？

学生意见分享。

教师分享：

诚信是社会主义核心价值观公民个人层面的基本道德要求，是中国传统道德中最基本的道德规范，是做人的命脉，更是我们一切价值的根基。人没有信用就没有立足之地，想要在这个世界上得到人们的信赖与支持，就必须以诚待人，以信交友，否则纵使你有过人的天赋，也会寸步难行。如今在我们的学习生活中，我们是否做到信守承诺？一个人如果没有诚信，就无法在社会上立足，在世界上立足，因此说明诚信对我们的重要性。

2. 案例分享：独臂书写诚信人生——杨晶岚（8分钟）

被誉为"独臂女侠"的宁夏金瑞清真食品股份有限公司董事长杨晶岚，成功将公司新开发的清真面点新宠——豆沙包抢先配送进入兰州、新疆等地大型超市。

杨晶岚创办的民族特色清真食品生产企业在西北市场颇具影响力：清真速冻水饺、汤圆、粽子、包子、馒头等五大系列，30多个品种，产品远销陕西、新疆、北京、上海、广东等地，在马来西亚、新加坡等国都颇具知名度。6月29日，"中国—东盟中小企业跨境投资与贸易合作大型洽谈会"暨马中"一带一路"经济大会在马来西亚吉隆坡开幕，会上杨晶岚与扎因·阿比丁苏丹大学签署合作备忘录，马来西亚高校直接为金瑞公司在国际清真认证（Hala）标准方面提供指导。

金瑞公司一路发展，是杨晶岚多舛人生下的坚守。

杨晶岚注重诚信经营，店里的原料都是她精挑细选的上好材料，所选的牛、羊肉原料，全是阿訇亲自宰过的。有一次，丈夫马兴林的战友给公司供了一批牛肉原料，杨晶岚在查看牛肉时，发现原料存在问题，要求退货。马兴林与战友感情深厚，与杨晶岚当场吵了起来，杨晶岚最终没让不合格原料进入仓库。

"创业之初我选择让女儿马瑞做形象代言，这是为了鞭策自己时刻遵循诚信办实体的经营思路。"杨晶岚说。

2009年，杨晶岚将工厂搬进吴忠金积工业园区清真产业园。2014年6月26日，宁夏金瑞成功在天交所挂牌，成为当地为数不多的上市企业之一。

杨晶岚从不拖欠员工工资，企业110名员工中残疾人近20人。41岁的聋哑员工马红梅在杨晶岚创业之初便跟随着她，从初入厂"咿呀啊"到如今简单对话，马红梅跟随杨晶岚收获了"出彩"。

2014年5月16日，杨晶岚走进北京人民大会堂，和来自全国各地的"自强模范"一同受到习近平总书记的亲切接见和表彰。

"一定要做一个对社会有责任感的企业家"，杨晶岚演绎着"商亦有道"。

下面请同学们看一段视频《全国道德模范提名奖获得者杨晶岚：独臂书写诚信人生》，让我们一起感受杨晶岚坚守诚信的魅力。

学生分享。

3．案例分享：讲诚信的红色军人（6分钟）

导入：9月16日，习近平总书记在河南考察时，来到鄂豫皖苏区首府革命博物馆，了解鄂豫皖苏区的革命历史。他强调，要讲好党的故事、革命的故事、根据地的故事、英雄和烈士的故事，加强革命传统教育、爱国主义教育、青少年思想道德教育，把红色基因传承好，确保红色江山永不变色。

1936年埃德加·斯诺初到陕北的时候，红军战士们守纪律、爱唱歌的特点就给他留下深刻的印象。在《西行漫记》中他写道，红军战士"有的那点纪律，似乎都是自觉遵守的"，在路上"几乎整天都唱歌，能唱的歌无穷无尽"。他特意向毛泽东等人详细地了解红军的"三大纪律八项注意"以及由此产生的歌曲。斯诺以记者的敏锐感受到红军这支新型队伍的秘密武器，那就是无比严格的纪律。这一特征在大别山地区非常鲜明，突出表现之一就是被誉为红色经典的《三大纪律八项注意》歌曲首先在大别山地区唱响。

教师组织学生学唱歌曲《三大纪律八项注意》。

歌词内容为：

> 革命军人个个要牢记，三大纪律八项注意：
> 第一一切行动听指挥，步调一致才能得胜利；
> 第二不拿群众一针线，群众对我拥护又喜欢；
> 第三一切缴获要归公，努力减轻人民的负担；
> 三大纪律我们要做到，八项注意切莫忘记了；
> 第一说话态度要和好，尊重群众不要耍骄傲；
> 第二买卖价钱要公平，公平买卖不许逞霸道；
> 第三借人东西用过了，当面归还切莫遗失掉；
> 第四若把东西损坏了，照价赔偿不差半分毫；
> 第五不许打人和骂人，军阀作风坚决克服掉；
> 第六爱护群众的庄稼，行军作战处处注意到；
> 第七不许调戏妇女们，流氓习气坚决要除掉；
> 第八不许虐待俘虏兵，不许打骂不许掏腰包；
> 遵守纪律人人要自觉，互相监督切莫违反了；
> 革命纪律条条要记清，人民战士处处爱人民；
> 保卫祖国永远向前进，全国人民拥护又欢迎。

教师总结：

一个人、一个集体、一个政党、一个国家的发展，都离不开诚信。从古训"言必信，行必果""民无信不立"到社会主义核心价值观，无论说话、做事都要讲诚信，诚实无欺，讲求信用的人在社会或集体中受欢迎；而不能诚实劳动、信守承诺、诚恳待人的人必将遭受生活的惩罚，甚至于无法生存。诚自心，信自行，心行合一。

师生齐读《社会主义核心价值观》：富强、民主、文明、和谐、自由、平等、公正、法治、爱国、敬业、诚信、友善。

活动二：依靠同伴越障碍

⊗ 活动道具：胶带、球、用完的练习本等障碍物。

◉ 活动场地：空旷教室。

◉ 活动时间：15 分钟。

教师导入：一个团队彼此间的诚信是最重要的。那么，你所在团队有着怎样的信任度？如何提升人与人之间的信任感？做完了这个游戏，你就知道了。

（1）游戏规则：用绳子在一块空地圈出一个障碍物矩阵，撒满各式玩具（如本子、球等）作障碍物。学生两人一组，一人指挥，另一人蒙住眼睛，听着同伴的指挥越过障碍物矩阵，过程中只要踩到任何东西就要重新开始。指挥者只能在线外，不能进入矩阵，也不能用手扶伙伴。

（2）注意事项：

①不可用尖锐或坚硬物作障碍物。

②不可在湿滑地面进行。

③需注意两位蒙眼者是否对撞。

（3）分享讨论：

①请问各位同学在通过障碍物矩阵的时候有什么感觉？

②平时你在跟其他人互动时是否能做到"言必信，行必果"？

③诚信是一种理想化的美德，现实生活中做不到，讲诚信者往往吃亏，这种说法对不对？请谈谈您的看法？

🌸 教师总结：

时代的进步推动着观念的更新，随着社会主义现代化的发展，社会巨大而深刻的变化赋予诚信这一传统美德日益丰富的时代内容，诚信不仅是一种品行，更是一种责任；不仅是一种道义，更是一种准则；不仅是一种声誉，更是一种资源。就个人而言，诚信是高尚的人格力量；就企业而言，诚信是宝贵的无形资产；就社会而言，诚信是正常生活的秩序；就国家而言，诚信是良好的国际形象。

活动三：军事对抗

改编自红黑商战，游戏过程中可能会出现不诚信行为，此时老师要强调这只是个游戏，注意引导。

⊗ 活动道具：红、蓝卡片、计分表。

◉ 活动场地：空旷教室。

◉ 活动时间：25 分钟。

活动过程：

（1）教师导入：同学们，我们现在要进行军事演习，我们每个组代表一个军事集团，一会儿要同时夺取一个军事要塞，看看哪组同学能成为最后的获胜者。

（2）将同学分为5个小组，每组选出一个队长，一名计分员。

（3）介绍活动规则：

①每组手中有红、蓝卡片各1张，当我喊"1、2、3出牌"的时候，每组组长要立即亮出你所出的卡片，卡片需要提前准备好，不得在喊开始后更换，如有延迟，则判违规。

②每一次出牌，根据大家牌面情况，有的组会加分，有的组会减分。不过，加减分规则始终不会改变。

③计分规则：

红牌出牌张数	蓝牌出牌张数	每一轮中每组得分情况	
		红牌得分基数	蓝牌得分基数
5	0	+2	
4	1	−2	8
3	2	−4	6
2	3	−6	4
1	4	−8	2
0	5		−2

所有人出红牌时，每组加2分，所有人出蓝牌时，所有人减2分；红蓝相间时，蓝牌加分，红牌减分。

④每轮出牌之前有2分钟讨论时间，小组内的最终出牌以少数服从多数的原则决定；记分员随时记录本组的总得分。

⑤每一轮结束后各小组的组长可以发出开会申请，邀请其他组组长一起开会讨论，超过半数组长同意后可以开会讨论，不超过半数不允许讨论。

⑥最后一名要接受惩罚；总分为负数的小组要接受惩罚；整体分数总和为负数时，集体惩罚；第一名可以惩罚任意一组。

⑦计分表：

游戏开始前不告诉同学后面会乘以系数，随着游戏进行告知同学下一轮会在基础分上乘以多少系数。

例：

得分				×2	×4		×6		×8		×10			×25	总
1组	6	4	2	−4	−32	16	−12	24	32	64	40	−20	−80	50	90
2组	−4	4	2	−4	8	−24	−12	24	−48	−16	40	−20	20	50	30
3组	−4	−6	−8	16	8	−24	−12	24	−48	−16	−60	−20	20	50	−80
4组	6	−6	2	−4	8	16	−12	−36	32	−16	−60	−20	20	−200	−260
5组	−4	4	2	−4	8	16	−12	−36	32	−16	40	−20	20	50	80

（3）开始游戏，将分数记在计分板或在大屏幕上展示，每轮开始前让大家讨论，并询问是否有小组长提出开会。

（4）同学讨论：游戏过程中你有什么样的感悟？

有没有出现结果和协商不一致的情况？

你怎么看待游戏中的诚信和不诚信行为？

有没有为了别的组做些什么？

教师总结：

①首先要强调，这只是一个游戏。

②输赢：有输有赢，双赢，双输，不输不赢。

③双赢要求：诚信、正直、体谅＋勇气、富足心态＋贫乏心态。

④双赢谈判：协议，靠流程、制度来保证。

⑤讲诚信，天地阔。

附：

计分表

得分		×	×	×	×	×	×	总
1组								
2组								
3组								
4组								
5组								

课堂小结：

今天我们就"讲诚信、天地阔"这个话题一起做了体验，希望大家能将"言必信、行必果"的古训落实到日常行动中，学习红色军人和我们身边讲诚信的道德模范的品质，诚信是我们的立世之本，更是中国传统道德中最基本的道德规范。请大家认真做好职业生涯规划，并付诸行动，时刻提醒自己"讲诚信"，才能"天地阔"，让我们共同为实现伟大的中国梦贡献自己的力量！

拓展作业

1. 利用晚自习观看电影《信义兄弟》《山东兄弟》，结合本节课所学内容写一篇不少于500字的心得体会，放入个人成长档案。

2. 朗读并默写社会主义核心价值观，用社会主义核心价值观指导自己的学习和生活，内化于心，外化于行。

第三十节　忠初心　不动摇

设计理念

从引导学生建立正确义利观的角度审视初心，坚定理想信念，有着独特视角的义与利是我国伦理思想史上一个重要范畴，对中职生来说，体现的是正确三观导向问题。义与利的关系不是对立的，而是对立统一的关系。

设计目标

通过体验参与，让学生明确义与利的关系，学会辨识，懂得道义，生活学习中懂得先义后利的道理，坚定理想信念，做一个品德高尚的合格人才，坚持自己的初心不动摇。

活动一：话说初心

⏱ **活动时间**：20分钟。

1．经典分享：关于"初心"（5分钟）

PPT展示。初心，即本心。一个人生存、人际交往、待人处事的最本能的想法。其中怎样处理义与利的关系是关键。

"先义后利者荣，先利后义者辱"出自《荀子·荣辱篇》，意思是：先考虑道义而后考虑利益的就会得到光荣，先考虑利益而后考虑道义的就会受到耻辱。"君子喻于义，小人喻于利"是出自《论语》，意思是：君子看重的是道义，小人看重的是利益。这是从价值观取向说的。董仲舒则认为"心不得义不能乐，体不得利不能安"，强调两者是不可或缺的，都对人生大有裨益。这些观点既突出以义为先，又注重义利平衡。可以说，重义轻利、先义后利、取利有道，是中华民族千百年来一以贯之的道德准则和行为规范。讲信义、重情义、扬正义、树道义的正确义利观正是对中华优秀传统文化的继承和弘扬。

"不忘初心，牢记使命"主题教育让我们深刻领会到，我们要忠于初心，坚守正确的义利观不动摇。

2．案例分享：李大钊初心可鉴（7分钟）

（PPT展示李大钊照片或视频）李大钊同志是中国共产主义的先驱，伟大的马克思主义者、杰出的无产阶级革命家、中国共产党的主要创始人之一。

1920 年 3 月，李大钊同志在北京大学发起组织马克思学说研究会。同年秋，他又领导建立了北京的共产党早期组织和北京社会主义青年团，并积极推动建立全国范围的共产党组织。1921 年，中国共产党宣告成立，中国革命的面貌从此焕然一新。李大钊同志自始至终坚持对共产主义的追求，对中国共产党的创建做出至关重要的贡献。

中国共产党成立后，李大钊同志代表党中央指导北方地区党的工作，在北方广大地区领导宣传马克思主义，开展工人运动，建立党的组织。1922 年 8 月到 1924 年初，他受党的委托，几次往返于北京、上海、广州之间，同孙中山先生商谈国共合作，为建立国民革命统一战线、实现第一次国共合作做出了重大贡献。他领导北方党组织发动群众，开展了轰轰烈烈的反帝反军阀斗争，猛烈冲击了帝国主义势力和北洋军阀统治。

1927 年 4 月，在反动军阀的白色恐怖中，李大钊同志在北京被捕入狱。面对敌人的引诱威逼，他始终不屈，英勇就义。李大钊同志的道德和操守非常崇高。在他身上，凝结着中华民族传统美德，体现着中国知识分子的优秀品格。他一生俭朴清廉，淡泊名利。在北京大学任职期间，他经常倾家纾难，接济贫寒的青年和支持革命活动，以至学校发薪水时不得不预先扣下一部分直接交予他的夫人，以免家庭生活无以为继。他牺牲后遗体下葬，棺椁衣裳都是朋友帮助提供的。李大钊同志是一位真正的革命者，他将民族大义放在前，个人私利置于后，他的伟大人格和崇高风范，将永载中国共产党和中国人民革命斗争的史册。

3．案例分享：中国共产党人的"为人民服务"（8 分钟）

（图片展示）1944 年 9 月 8 日，在延安这片红色的土地上，毛泽东同志发表了《为人民服务》的著名演讲，强调共产党员要彻底地为人民的利益工作，鲜明地提出了"为人民服务"这一贯彻整个党的建设伟大工程的座右铭。

《中国共产党章程》第二条提出：中国共产党党员是中国工人阶级的有共产主义觉悟的先锋战士。中国共产党党员必须全心全意为人民服务，不惜牺牲个人的一切，为实现共产主义奋斗终身。

岁月更迭，"为人民服务"作为一种深刻的思想，一种伟大的精神，一种神圣的使命，一种崇高的境界，她像一根红线，始终贯穿于党和政府的路线、方针、政策之中。中国共产党为什么能领导全国人民取得那么大的成就？其中一个重要的答案，就是因为我们党除了国家、民族、人民的利益，没有任何自己的特殊利益，"这个队伍完全是为着解放人民的，是彻底地为人民的利益工作的"，全心全意为人民服务，是党的根本宗旨和价值追求，是共产党人的崇高思想境界和鲜红精神底色。

为人民谋幸福、为民族谋复兴是中国共产党矢志不渝的初心和使命。党的十八大以来，以习近平同志为核心的党中央把人民对美好生活的向往作为奋斗目标，秉持以人民为中心的发展思想，推动党和国家事业取得历史性新成就。不久前举行的中国共产党十九届四中全会，全面总结了中国特色社会主义制度和国家治理体系的显著优势，提出了坚持和完善中国特色社会主义制度、推动国家治理体系和治理能力现代化的方向、目标及举措。始终代表最广大人民根本利益，保障人民当家做主，是中国国家制度和治理体系的本质属性；让改革发展的最新成果最大程度惠及全体人民，是中国国家治理体系和治理能力现代化的主要目标。

"为人民服务"是共产党人鲜红的精神底色，守初心不动摇，为人民的利益接续奋斗，永不停歇。我们党领导革命建设和改革，也正是"立党为公，执政为民"的宗旨，才能赢得人民的拥护和认可。大道之行也，天下为公，中国共产党代表中国最广大人民群众的根本利益，始终坚持以人民为中心的发展观，以民族复兴、服务人民作为自己的初心和使命。孔繁森、焦裕禄、王进喜……一个个熟悉的名字，都在昭示着共产党人的义利观。

活动二：巧解绳结

❉ **活动道具：** 长度为1米的绳子若干条（两端有绳套）。

◎ **活动场地：** 空旷教室或操场。

⏱ **活动时间：** 15分钟。

▣ **活动过程：**

（1）将同学们分为6组，每组选出一位队长。

（2）队长领发给每名队员1条绳子。

（3）每名队员分别将两端的绳套套在自己两只手腕上，同时将绳子与另一名队员手上的绳子交叉连接，让队员想办法解开绳结；最先完成的组为获胜组。告诉队员解绳方法，然后让所有队员组成一个大的绳结，两两相交叉，让队员尽量用最快速的方法解开绳结。

（4）注意事项：在解绳结的过程中，每名队员手上的绳套都不能脱离手腕；不能将自己两只手上的绳套交换。

（5）同学分享：

当接触这个问题时，第一反应是什么，而后采取了什么行动？

在尝试了一段时间之后，你有什么感觉，是否相信有可能解开？

解不开的原因是什么，是否曾经想要放弃？

生活中曾面临过类似的情况吗，你的反应是什么？特别是将来咱们踏上社会，如果未来你遇到个人盈利和职业道德相违背的时候，你如何解开这个绳子？

每组同学推代表1～2人谈谈感受。

活动三：历史大拼图

❈ **活动道具：**历史图片拼图（7幅，每幅分为16块）、样图（背面可打印上相关知识）。

◎ **活动场地：**空旷教室。

◔ **活动时间：**25分钟。

◉ **活动过程：**

（1）将同学们分为6组，每组选出一位队长。

（2）以小组为单位，所有小组围成圈，各小组组长到中间作为第7组。

（3）每小组随机分得16张拼图和一张拼图样图。

（4）活动开始后，1～6组同学不得离开座位，不得私下传递拼图，如需交换拼图，可以请7组同学帮忙，只有7组的同学可以随意走动，每次最多拿出2张拼图进行交换。7组同学除帮助其他组同学传递拼图外，自己组的拼图也需要完成。

（5）最先完成的组为获胜组，20分钟内所有组需要完成拼图。

（6）同学分享：你们的拼图是什么内容？对拼图内容是否了解？活动过程中你有什么感触？7组同学谈谈你们的感受。

🛡 **教师总结：**

见利思义、天下为公是我们中华民族的优良传统，也是修身齐家治国平天下的传统文化的精神核心。作为新时代的中职生，大家要树立远大的人生目标，叫响"中国梦我的梦"，明确人生大义，长期坚持自我教育、自我管理、自我反省、自我修缮、自我超越，身体力行广泛接触社会，丰富实践阅历，增加道德经验积累，注重把握是非善恶的道德标准，培养丰富稳定的道德情感，树立坚定的道德意志，更要积极参加各类社会公益实践活动，才能达到更高的人生境界。

拓展作业

1. 查找两条关于正确义利观的经典语句，写入成长档案。

2. 观看电影《李大钊》，利用班会时间交流观后感。

3. 查找关于革命历史的经典图片。

第三十一节　拓思维　会辩证

设计理念

辩证思维，强调用相互联系、不断发展的眼光看问题。是马克思主义认识世界的重要工具。培养学生辩证思维，对于其养成科学精神、提高人生发展能力具有重要作用。

设计目标

通过学习、体验活动，培养学生辩证思维能力，引导学生在认识世界、改造世界的过程中坚持辩证思维方式，提高分析问题、解决问题能力。

活动一：话说辩证思维

活动时间：20 分钟。

1．分享导入：习近平强调的思维方法（5 分钟）

唯物辩证法是马克思主义哲学的核心方法，习近平非常重视辩证思维，要求干部提高辩证思维能力。2012 年 12 月，习近平在广东考察时指出："改革也要辨证施治，既要养血润燥、化痰行血，又要固本培元、壮筋续骨，使各项改革发挥最大效能。"十八届三中全会第二次全体会议上习近平又指出："在推进改革中，要坚持正确的思想方法，坚持辩证法……"在之后召开的中央经济工作会上，习近平再次强调："'稳'也好，'改'也好，是辩证统一、互为条件的。一静一动，静要有定力，动要有秩序，关键是要把握好这两者之间的度。"这些重要论述，充分体现了习近平对辩证思维的高度重视。

那么同学们，什么是辩证思维？为什么要拥有辩证思维方式呢？

学生讨论分享意见观点。

教师分享：

所谓辩证思维，泛指符合认识规律、遵循逻辑规则、能够达到正确认识结果的思维，学会这一思维方式有利于工作开展和个人进步。

2．案例分享：我看毛泽东的辩证思维（7 分钟）

导入：毛泽东同志的伟大之处，在字里行间、举手投足都有体现。请看如下片段，

PPT 展示：

一分为二，这是个普遍的现象，这就是辩证法。

梅须逊雪三分白，雪却输梅一段香。——宋朝·卢梅坡《雪梅》

同学们思考毛主席的话和古诗《雪梅》体现了哪些辩证思维？

学生讨论分享。

教师分享：

毛泽东同志的话告诉我们任何事物都有两面性，看问题既要看这一面也要看到那一面，如同一个硬币的正反两面。"梅须逊雪三分白，雪却输梅一段香"，梅香而不白，雪白而无香，说明事物既有优点，也有不足。全面看待人或事物，看到积极方面，也看到消极方面。再看下面这段。毛泽东曾精辟地将开展工作比喻为弹钢琴，说：弹钢琴要十个指头都动作，不能有的动，有的不动。但是，十个指头同时都按下去，那也不成调子。要产生好的音乐，十个指头的动作要有节奏，要互相配合。党委要抓紧中心工作，又要围绕中心工作而同时开展其他方面的工作。

毛主席的这段话又告诉我们什么样的辩证思维？

学生讨论分享。

教师分享：

毛泽东主席"弹钢琴"的工作方法告诉我们，既要善于抓住重点，集中力量解决主要矛盾，又要学会统筹兼顾，恰当处理次要矛盾。

在复杂事物的很多矛盾中，主要矛盾在事物发展过程中处于支配地位、对事物的发展起决定作用；主要矛盾和次要矛盾是相互依赖、相互影响的，在一定条件下可以相互转化。主要矛盾和次要矛盾是辩证统一的关系。办事情的关键在于坚持抓主要矛盾的辩证思维，及时解决重要问题，不放弃次要问题的解决。

3．案例分享：《论持久战》（8 分钟）

《论持久战》是无产阶级革命家毛泽东于 1938 年 5 月 26 日至 6 月 3 日在延安抗日战争研究会上的演讲稿，是关于中国抗日战争方针的军事政治著作，1938 年 7 月首次出版。《论持久战》发表时，中国的抗日战争已经进行了 10 个月。抗战以来一直流传着的"亡国论""速胜论"的观点。毛泽东始终认为中日战争将是持久的，最后的胜利要在持久战中去解决。《论持久战》处处充满了辩证法，充满了唯物主义，是马克思主义的普遍真理同中国抗日战争的具体实际相结合的典范。毛泽东接着分析了敌我双方的基本特点。日本方面：它是一个强的帝国主义国家，但日本国度比较小，其人力、军力、财力、物力均感缺乏，经不起长期的战争。中国方面：中国是一个半殖民地半封建的国家，军事、经济、政治、文化虽不如日本之强，但中国的抗战是进步的、正义的，中国又是一个很大的国家，地大、物博、人多、兵多，能够支持长期的战争。

在《论持久战》中，毛泽东科学地预见了抗日战争将经历三个阶段：第一个阶段，是敌之战略进攻、我之战略防御的时期；第二个阶段，是敌之战略保守、我之准备反攻的时期；第三个阶段，是我之战略反攻、敌之战略退却的时期。毛泽东着重指出，第二阶段是整个战争的过渡阶段，也将是最困难的时期。毛泽东由此得出结论："中国会亡吗？答复：不会亡，最后胜利是中国的。中国能够速胜吗？答复：不能速胜，抗日战争是持久战。""中国的抗战是世界性的抗战，孤立战争的观点，历史已指明其不正确了。"

《论持久战》体现了哪些辩证思维？

学生讨论分享。

🧑‍🏫 教师分享：

《论持久战》一书中，毛主席正确分析了中日特点和世界局势，正确指明了抗日战争的三个发展阶段，体现了毛主席科学把握事物之间的联系和坚持用发展的眼光看问题的辩证思维。事物的联系具有普遍性、多样性和客观性，事物的发展不是孤立的发展，而是在普遍联系中发展，联系是发展的条件。

联系是事物内部和事物之间相互影响、相互制约的关系。整个世界就是一个普遍联系的有机整体，一切事物都和周围其他事物有条件地联系着。正是由于事物的普遍联系，它们之间的相互作用、相互影响，才构成了事物的运动、变化、发展。发展就是新事物的产生、旧事物的灭亡，即新事物代替旧事物。没有联系，就没有世界，也就没有发展。

🍃 教师总结：

当代世界局势变幻莫测，运用辩证思维认识问题、分析问题、解决问题日益重要。习近平强调，"我们的事业越是向纵深发展，就越要不断增强辩证思维能力"。实现中华民族伟大复兴的中国梦，面临来自各个方面的风险和挑战，只有切实不断提高辩证思维能力，不断总结经验、吸取教训、完善方法，才能在正确认识和解决问题中赢得未来。同学们让我们一起学好唯物辩证法联系、发展、矛盾的观点，培养辩证思维能力，以梦为马，奋斗青春；只争朝夕，不负韶华，开启人生成功之路吧。

活动二：排除人生之"雷"

⊗ **活动道具**：抽奖箱、便签纸。

◎ **活动场地**：空旷教室。

⊙ **活动时间**：20分钟。

🔒 **活动过程**：

（1）教师导入：同学们的学习和生活绝对不是一帆风顺的，在前进的道路上会存在一个个"问题地雷"，这些"地雷"随时都会"爆炸"，有时候我们自己往往不能很好的排除，这时候可以请同学们互相帮忙，看一看有什么方法帮别的同学"排雷"。

（2）将同学分为4组。

（3）"埋地雷"：每个同学把你遇到的、当前还没有顺利解决的问题或者困惑尽可能清晰、详尽地写在彩纸上，制作成"问题"地雷埋到抽奖箱里。

（4）"挖地雷"：以小组为单位，每人到抽奖箱里抽取三颗"问题地雷"，说说你的建议和解决方法，帮助别人挖掉"地雷"。当小组内的成员对"地雷"无计可施时，可以向其他同学或老师求助。

（5）同学"排雷"的好点子可以在大屏幕上做记录。

（6）同学分享：

你埋的"地雷"有没有被同学成功排除？

别人埋的"地雷"你是否也有？

你认为他们的方法怎么样？

👋**教师总结：**

凡事必有至少三个解决方法，只要我们正确面对遇到的问题，拓展思维，换个角度看问题，或者寻求帮助，总会找到合适的解决方法。

活动三：《哈姆雷特表》

✖**活动道具**：《哈姆雷特表》（附后）。

◎**活动场地**：空旷教室。

🕐**活动时间**：20分钟。

▣**活动过程**：

（1）教师导入：莎士比亚有一出著名的戏剧叫《哈姆雷特》，里面有一句经典的台词：To be, or not to be, that is the question.（生存还是毁灭，这是一个值得思考的问题。）你们知道是什么意思吗？

我们生活中也常常遇到各种各样的选择，需要做出各种决定。做决定的过程往往充满不确定性，有人喜欢依赖他人的建议，有人喜欢独立思考，有人倾向于理智分析，有人容易感情用事。我们今天就尝试一种新的方法，来解决做决策时的种种困扰。

（2）把《哈姆雷特表》发给同学，让同学们回想一个最近生活中发生的难以解决的困扰，把它写在表格上面。

（3）首先，让同学们头脑风暴，把能想到的解决这个问题的所有可能都写出来。

（4）其次，细细考虑每一种选择的可能性（得到预期的结果的可能性有多大）、益处（这么做的优势）和代价（可能存在的风险、劣势），把所有理由详细写下来，并赋予一定的分值。可行性满分为100%，分数越高代表可行性越大；益处和代价分别用1—10打分，代价下的每条理由分数越高表示所冒风险越大。

（5）最后，根据公式计算出每种选择的总分，例如：

哈姆雷特表				
我的问题：我想要一个新款手机　时间：2020年2月				
我可以选择：	可行性	益处	代价	总分
找父母要钱买	20%	方便、轻松 7 不必对父母隐瞒 5	被唠叨，说浪费 5 扣发零用钱 8	−0.2
找朋友借钱买	40%	快速、高效 7	还钱很麻烦 9 被其他人嘲笑 7	−3.6
自己打工赚钱买	50%	自己做主、不必依靠他人 9 丰富阅历、锻炼自己 6 听起来很威风 3	可能耽误学习 9 可能受骗、受欺负 3	3.0
放弃，继续用旧手机	100%	省事、轻松 8 节约时间、金钱 8	常常坏、不方便 5 功能太少 3 被别人笑不时尚 4 感觉失望 2	2.0
注：总分 = 可行性 ×（Σ 益处 − Σ 代价）Σ：总和				

（6）同学讨论：邀请几位同学跟大家分享下他们遇到的困扰，以及如何使用"哈姆雷特表"澄清各种信息，做出最后决定的。

每个选择的总分的高低意味着什么？你是否还有其他帮助做决策的策略？

教师总结：

随着年龄的增长，我们越来越希望能够实现自主、独立的状态。然而自主意识的增长并不等同于自主能力的增长。当我们发现自己需要独立面对一连串的选择和决定时，难免感到惊慌失措、无处下手。

今天，我们只用一件小事来学习使用"哈姆雷特表"，以后，在大家遇到重要事情决策的时候，"哈姆雷特表"会发挥它更大的作用。在大家感到迷茫时，希望可以想起这种方式，来帮助你们做出一个理智、合理的分析和判断。

附：哈姆雷特表

哈姆雷特表				
我的问题：			时间：	
我可以选择：	可行性	益处	代价	总分
注：总分 = 可行性 ×（Σ 益处 − Σ 代价）Σ：总和				

拓展作业

1. 查阅毛泽东《论持久战》《抗日游击战争的战略问题》《星星之火，可以燎原》等文章，领悟其中体现的辩证思维，摘抄两段写到成长档案中。

2. 观看《东方战场》《百团大战》《建军大业》等影视剧，搜集毛泽东、周恩来、朱德等中国共产党人在处理实际问题中所用的辩证思维方法，感受他们的辩证思维魅力。

第三十二节　善创新　走一生

设计理念

"创新是一个民族进步的灵魂，是一个国家兴旺发达的不竭动力，也是中华民族最深沉的民族禀赋。"创新既是时代需求，也是学生需要掌握的一项本领。

设计目标

培养学生的创新意识和创新能力，让学生从实际生活出发，想创新、能创新。

活动一：话说创新

🕐 活动时间：20 分钟。

1．经典分享：生活无处不创新（5 分钟）

教师导入：猜猜它们的用途。

图片展示：带内置真空吸尘器的智能扫帚、不需要打开包装的手提箱、酒店房间门锁上的盲文、带眼镜孔的枕头、易于装载的卫生纸架……

学生猜测展示物品的用途。

👨 **教师分享：**

一切发现、发明与创新都来自对现有技术的提问，是对穷工极巧、至善至美的不懈追求。

习声回响：带领学生齐读

> 唯创新者进，唯创新者强，唯创新者胜。
>
> 问题是创新的起点，也是创新的动力源。

2．案例分享：大国工匠许振超——技术创新（8 分钟）

教师导入：猜猜他是谁?

他曾多次试验，在冷藏集装箱上加装了节电器，全年节约电费 600 万元；他领衔组织实施了轮胎吊"油改电"等技术改造，填补了国际空白，年节约资金 2 000 万元以上，噪音和尾气污染接近于零……

他曾带领桥吊队，先后七次打破集装箱装卸世界纪录，使"振超效率"享誉全球。

他是山东青岛人。

教师问：猜猜他是谁？

学生答。

◎视频链接：

大国工匠年度颁奖典礼——许振超事迹

1974年，只有两年初中文化的许振超来到青岛港当上了一名码头工人。那时，港口装卸作业方式很落后，体力劳动繁重，工作环境艰苦。"当时我经常一边工作，一边思考：难道码头工人就不能摆脱这种出大力、流大汗的命运吗？"许振超回忆说。

慢慢地，青岛港进口了一些现代化机械设备。但由于工人们不了解使用和维护技术，设备经常出故障，有的用了不到一年就损坏了，还有的酿成了事故。

"缺少知识误人误事，唯有知识才能改变命运。"这一信条很快占据了许振超的头脑。此后，许振超身上不离"两件宝"——笔记本和英汉小词典，刻苦自学桥吊核心电路等知识，其中不少是英文资料。

1984年青岛港组建集装箱公司，许振超因肯钻研、技术好，被选为第一批桥吊司机。经过苦练，他成功练就了"一钩准"等"绝活"，带出了"王啸飞燕"等一大批具有社会影响的"绝活"品牌。

2003年4月27日夜，许振超带领桥吊队的工友们，仅用6小时15分钟，就完成了"地中海法米娅"轮3 400个标准箱的装卸，创出了每小时单机效率70.3自然箱和单船效率339自然箱的世界纪录。

此后五年，许振超带领桥吊队，又先后七次打破集装箱装卸世界纪录，使"振超效率"享誉全球。

教师分享：

发明源于对生活的细心观察，对技艺的孜孜追求。成就这些发明的工匠，首先需要具备创造性思维，才能脱离窠臼，开辟新路；其次必须积累丰富的知识、经验和智慧，厚积薄发；最后必须敢为人先，勇于实践，才能冲破积习，实现创新思维的飞跃。

3．案例分享：枪杆子里出政权——理论创新（7分钟）

图片展示。

1927年8月7日，中共中央在汉口召开紧急会议，对大革命失败的原因进行总结。与会的不少人对陈独秀等在处理国民党、农民土地、武装斗争等问题上表现出的右倾倾向提出了尖锐的批评。毛泽东在发言中指出，党中央所犯错误中的一个错误是不认识军队的极端重要性。他强调，全党"要非常注意军事，须知政权是由枪杆子中取得的"。毛泽东的意见切中要害地指明了大革命失败的经验教训，实际上提出了以军事斗争作为党的工作重心的问题。这段话，后来成为党创建、领导和掌握人民武装并进行斗争的行动口号。

"枪杆子里面出政权""没有一个人民的军队，便没有人民的一切"，这是被历史实践反复证明了真理。如果没有"枪杆子"，便没有一个独立自主的新中国；如果没有"枪杆子"，便没有中华民族自立于世界民族之林；如果没有"枪杆子"，便没有抗美援朝保家卫国战争的胜利；如果没有"枪杆子"，我们便没有一系列反侵略战争的胜利；如果没有"枪杆子"，我们根本不可能一心一意进行社会主义现代化建设；如果没有"枪杆子"，人民就不能安居乐业；如果没有"枪杆子"，国家就不能长治久安。总之，"没有一个人民的军队，便没有人民的一切"。

教师分享：

历史是一面镜子，国家没有一支强大的军队，必然受人欺负，甚至亡国灭种。回想过去，在近代，中国积贫积弱，国贫兵弱，内忧外患，饱受欺凌，吃尽了苦头。着眼当前和未来，虽然和平与发展是时代的主题，但世界上局部战争一直接连不断，霸权主义、强权政治恣意横行，各种分裂势力还顽固不化。我们必须居安思危，枕戈待旦，常备不懈，未雨绸缪，自强不息，厉兵秣马，切实加强人民军队和国家武装力量的建设，才能确保国家的长治久安。在新的历史条件下，毛泽东"枪杆子里面出政权""没有一个人民的军队，便没有人民的一切"的道理，我们千万不要忘记。

活动二：纸塔

活动道具： A4 纸。

活动场地： 空旷教室。

活动时间： 20 分钟。

活动过程：

（1）分组，将同学分为 5 人一组。每组发一叠纸（通常 15 张），没有其他任何工具。

（2）告诉同学尽最大努力将纸塔建得最高，同时要稳固美观，只能使用分发的纸，不允许使用纸以外的道具。

（3）搭建时间 15 分钟，期间老师可以引导同学，给他们一个目标：我试过能搭 5 张纸那么高的塔，我想你们肯定能搭得更高。

（4）塔的形式不限，搭好后每组给塔取一个名字。

（5）同学分享：

各组想到了哪些方式来搭纸塔？你在小组中做了哪些工作？你们的合作怎么样？

教师总结：

大家的作品都超出了我的想象，每个小组的作品都有一种令人耳目一新的感觉。通过这个活动，大家的创造能力、探索能力和综合素质发挥得淋漓尽致。在生活乃至今后的工作中，大家要善于创新，善于思考，这样，我们的想象能力、创造能力就会逐步得到提升，才会创造更多的社会价值。

活动三：狭路相逢勇者胜

⊗ **活动道具**：A4 纸。

◐ **活动场地**：空旷教室。

◔ **活动时间**：20 分钟。

⊡ **活动过程**：

（1）教师导入：俗话说"狭路相逢勇者胜"，意思是在形势十分险恶的情况下与敌人交战，双方都有困难，谁勇敢谁就能取得胜利。今天，我们来做一个叫作"狭路相逢勇者胜"的活动，看看哪个小组是真正的勇者吧！

（2）将同学分为 10 人一组，以小组为单位进行活动。

（3）在每组的地上放 11 张 A4 纸代表 11 个方格，连成一条直线。

（4）每组的 5 名同学站在左边的方格上，余下的 5 名同学站在右边的方格上，中间的 1 个方格空着，所有同学都面向中间的空方格。

（5）小组的任务是以最短的时间让左边的同学换到右边，右边的换到左边。

（6）规则：

每次只能移动一个人；

每个格子只能容纳一个人；

所有队员只能前进，不能后退；

前进时只能向前一步或跳过对方一名队员。

（7）同学讨论：你们是怎样想出办法解决这个问题的？

解决问题的关键在哪里？

说说你们小组解决问题的方法和步骤。

✎ **教师总结**：

刚才的游戏中，我看到有的小组费了九牛二虎之力终于完成了任务，也有的小组经过了短暂的思考，不久就找到了解决问题的诀窍。在日常生活中，一个新颖的思路，一个小发现、小创造等都是创造性思维的结果。开动脑筋，我们就能够收获到创造力带给我们的惊喜与便利。

拓展作业

1. 观影《金牌工人许振超》，寻找自己的职业榜样，利用班会时间交流体会。

2. 制定一份完整的职业生涯规划，写入个人成长档案。

参考文献

[1] 盛建军. 工匠精神教育读本 [M]. 北京：中国原子能出版社，2019.

[2] 杨凌志，许广敏. 中职生"九优"品质培养与训练 [M]. 北京：中国原子能出版社，2018.

[3] 王霁. 中国传统文化 [M]. 北京：高等教育出版社，2017.10.

[4] 郑晓哲. 中华经典诵读 [M]. 北京：高等教育出版社，2017.8.

[5] 钱逊. 中华优秀传统文化 [M]. 济南：济南出版社，2017.8.